儿童
超强大脑
养成方案

尹文刚 著

中国纺织出版社有限公司

内 容 提 要

《儿童超强大脑养成方案》是中国脑科学专家尹文刚写给父母的脑科学养育书。旨在帮助父母用科学的方法开发孩子的大脑，激发孩子的大脑潜能，从而练就孩子的超强大脑。

全书结合作者多年脑科学的研究成果和训练方法，针对儿童的语言、思维、学习和生活四个方面的能力，以图文并茂的形式阐述了孩子的大脑与这些能力之间的关系，并给出了相应的训练方法和建议，对于当下父母教养孩子具有一定的实际意义和参考价值。

图书在版编目（CIP）数据

儿童超强大脑养成方案 / 尹文刚著 . -- 北京：中国纺织出版社有限公司，2021.6
 ISBN 978-7-5180-8261-2

Ⅰ . ①儿⋯ Ⅱ . ①尹⋯ Ⅲ . ①儿童—智力开发 Ⅳ . ① G610

中国版本图书馆 CIP 数据核字（2020）第 244172 号

策划编辑：刘 丹　　责任校对：寇晨晨　　责任印制：何 建

中国纺织出版社有限公司出版发行
地址：北京市朝阳区百子湾东里A407号楼　邮政编码：100124
销售电话：010—67004422　传真：010—87155801
http://www.c-textilep.com
中国纺织出版社天猫旗舰店
官方微博 http://weibo.com/2119887771
天津千鹤文化传播有限公司印刷　各地新华书店经销
2021 年 6 月第 1 版第 1 次印刷
开本：880×1230　1/32　印张：8.5
字数：164千字　定价：58.00元

凡购本书，如有缺页、倒页、脱页，由本社图书营销中心调换

著名的行为主义心理学家华生曾经说过:"给我一打婴儿,我可以按照你的要求,把他们分别培养成艺术家、政治家、科学家、企业家、小偷、骗子……"一百多年前,很多人认为人的天性是不可能被改变的,所以对华生的话将信将疑。然而,后来大量的事例让人们不得不相信,人性是可以改变的,其关键就在于大脑开发。

本书将现代大脑科学的研究教育和训练相结合,针对语言、思维、学习和生活这四个方面,分别阐述了如何培养孩子各方面的能力,让孩子成为未来的成功者。

第一,语言能力。语言能力是人类最重要的能力,孩子对事物的思考和认识都会受到语言的影响,特别是儿童。大量的心理研究和学前实践证明,幼儿时期是人类语言发展的关键期。

在这个时期,如果孩子的基本语言神经网络能够得到足够的刺激,并以相应的教育加以辅之,就能有效地提高孩子的语言能力。此外,家长可以采取本书中的游戏,尽早对孩子进行相关的训练,让孩子在游戏中体会说话和阅读的乐趣,从而赢在起跑

线上。

第二,思维能力。思维能力包括形象思维能力和抽象思维能力,这两种能力是孩子各种才艺发展的必要基础。

著名的发展心理学家皮亚杰通过研究发现,孩子的思维发展要经过感知运动阶段、前运算阶段和具体运算阶段这3个不同的阶段。家长在培养孩子思维能力时,必须要遵循孩子思维发展的顺序。

良好的形象思维是抽象思维发展的基础。因此,家长应该先让孩子多观察,认识丰富的事物,再去研究事物的本质以及事情的逻辑、因果关系。

第三,学习能力。学习好的孩子,就像武侠小说中"打通了任督二脉"一样,无论是数理化还是语文、历史、政治,感觉样样精通。很多家长都希望自己的孩子能够拥有这种超能力,能够轻轻松松获得优异成绩。其实学习也有一定的章法可循,要想提高孩子的学习成绩,就要从学习能力方面入手。

本书针对这一问题,分别从感知力、表象力、记忆力等能力入手,具体分析了孩子学习能力强弱的原因,以及大脑中与学习有关的区域,并根据大脑发展过程,总结了提高各种能力的训练方法。

第四,生活能力。除了学习之外,生活能力对孩子的成长也至关重要。孩子总是戒不了动画片、零食,或者情绪暴躁,动辄大哭大闹,再者不爱与人接触,害羞怕生?这些都是孩子生活能力低的表现。

本书在第四部分重点针对自控力、情绪管理、社交技能这三个方面，分别叙述了孩子生活能力差的原因，以及提高生活各方面能力的训练方法。通过这部分内容，家长可以有效改变孩子日常生活中的坏习惯，让孩子成为一个高情商、有出息的人。

人的身体通过训练能够变得更加强健，人的大脑经过训练也可以变得更聪明。身体的训练方法人人都熟知，而大脑又该如何锻炼呢？如果你也有同样的疑问，那么不妨打开本书一探究竟，相信读完后你会得到你想要的答案。

最后，由于编写时间有限，本书难免存在不足之处，还请广大读者见谅！

尹文刚
2020 年 12 月

目录 Contents

第一部分 语言能力

第一章 口语表达能力——伶牙俐齿不是梦
- 第一节 孩子"说话难"怎么办 / 2
- 第二节 语言和大脑的关系 / 4
- 第三节 真人练习 / 7
- 第四节 幼儿的训练乐园 / 9
- 第五节 儿童的游戏乐园 / 13
- 第六节 知识拓展 / 16

第二章 阅读能力——让孩子赢在起跑线，从小就爱上看书
- 第一节 看书的烦恼 / 19
- 第二节 大脑里的阅读"开关" / 21
- 第三节 阅读能力低下导致的问题 / 24
- 第四节 阅读方法 / 28
- 第五节 闪卡识字训练 / 30
- 第六节 情景训练 / 33

第二部分　思维能力

第三章　形象思维——怎么培养孩子天马行空的想象力
第一节　孩子为什么想象力弱 / 40
第二节　思维发展的秘密 / 42
第三节　孩子具体形象思维的特点 / 44
第四节　如何判断孩子的形象思维能力 / 48
第五节　动手能力训练 / 50
第六节　推理能力训练 / 54

第四章　抽象思维——提高孩子学习成绩的关键因素
第一节　为什么要发展抽象思维 / 59
第二节　抽象思维的钥匙 / 62
第三节　抽象思维弱的表现 / 65
第四节　抽象思维的发展程度 / 67
第五节　幼儿趣味训练 / 70
第六节　儿童思维训练游戏 / 74

第三部分　学习能力

第五章　感知力——让孩子拥有敏锐的观察力
第一节　什么是观察力 / 80
第二节　大脑里面的感知觉 / 82
第三节　如何判断孩子的知觉发展水平 / 84

第四节　读图识物法　/ 87
　　　第五节　感知力训练小游戏　/ 90

第六章　表象力——打通孩子学习的"任督二脉"
　　　第一节　学习的超能力　/ 100
　　　第二节　大脑中的表象力　/ 102
　　　第三节　表象力弱的表现　/ 106
　　　第四节　怎么测量孩子的表象力　/ 107
　　　第五节　表象力训练方法　/ 110
　　　第六节　表象力训练小游戏　/ 114

第七章　结构能力——让孩子学好物理和几何
　　　第一节　什么是结构能力　/ 118
　　　第二节　结构能力所在的脑区　/ 120
　　　第三节　结构能力欠缺的影响　/ 123
　　　第四节　怎么判断孩子的结构能力　/ 125
　　　第五节　不同年龄应该有的结构机能　/ 128
　　　第六节　结构能力训练小游戏　/ 130

第八章　运用能力——让孩子成为机敏灵活的小达人
　　　第一节　什么是运用能力　/ 139
　　　第二节　不同时期儿童的运用能力表现　/ 141
　　　第三节　是什么影响了孩子的运用能力　/ 145
　　　第四节　运用能力对儿童成长的影响　/ 147
　　　第五节　不同年龄段孩子运用能力训练方法　/ 151

第九章　专注力——孩子注意力不集中，怎么办
　　　第一节　为什么越来越多的家长开始关心孩子的
　　　　　　　"专注力"　/ 155

第二节　快来看看孩子的专注力现在处于哪个阶段　/ 157
第三节　为什么专注力对孩子如此重要　/ 160
第四节　专注力弱就等于"多动症"吗　/ 161
第五节　培养孩子专注力，我们只需这样做　/ 164

第十章　记忆力——这样做，孩子才能记得又快又牢

第一节　什么是记忆力　/ 171
第二节　长时记忆与短时记忆的区别　/ 173
第三节　是什么造成了"忘记"与"记错"　/ 176
第四节　短时记忆：怎么做，孩子才能记得快　/ 178
第五节　长时记忆：这么做，孩子才能记得牢　/ 182

第四部分　生活能力

第十一章　自控力——什么样的孩子将来最有出息

第一节　什么是自我控制力　/ 190
第二节　是什么影响了孩子的自控力水平　/ 194
第三节　孩子这些被忽视的行为，都是因为自控力弱　/ 196
第四节　培养孩子自控力应该从几岁开始　/ 201
第五节　为什么一定要培养孩子的自控力　/ 204
第六节　简单有效的自控力训练方法　/ 207

第十二章　情绪控制——如何培养一个高情商的孩子

第一节　情商是什么　/ 212
第二节　为什么孩子会成为暴躁的"火烈鸟"　/ 215
第三节　无理取闹，孩子不受控制的逆反行为　/ 218
第四节　孩子常见情绪的根源与疏导方式　/ 223

目 录

第五节　这么做，就能让孩子成为情绪的主人　/ 226
第六节　让孩子"输得起"，挫折教育很重要　/ 230

第十三章　社交技能——把握孩子社交能力培养的黄金期

第一节　大脑与社交能力　/ 233
第二节　培养社交能力，就是在为孩子的未来铺路　/ 236
第三节　儿童社交发展的四个方面　/ 239
第四节　从小培养孩子的亲社会行为很重要　/ 242
第五节　自卑、胆怯，孩子为什么会拒绝社交　/ 245
第六节　这样的小朋友最受欢迎　/ 248
第七节　怎么做，才能让孩子社交能力爆棚　/ 251

第一部分
语言能力

第一章 口语表达能力
——伶牙俐齿不是梦

第一节 孩子"说话难"怎么办

语言是人类用来表达感情、交流思想的工具，人类语言能力的发展是人类最重要的能力之一，也是与动物有所区别的主要因素之一。

人们对事物的认识、思维和记忆都会受到语言的影响，特别是幼儿。我们经常会听到，幼儿在进行一些活动时，总会喃喃自语，这就是认识事物的直接方式。当幼儿接触事物时，他们总会通过语言来进行感性认识，继而记住事物，并用语言计划着行动顺序和过程。

语言不仅可以让幼儿更加直接地去认识事物，还能让他们间接地认识不能直接感知的事物，从而加深认识事物的内容。大量的心理研究和学前教育实践也证明，幼儿时期是人类语言发展的关键期。

在这个阶段，如果家长或老师能够给予幼儿适宜的丰富刺激以及指导，幼儿的语言发展就能得到极大的发展。反之，如果家长错过这一阶段,或者在这一阶段给予一些不恰当的示范或指导,那么幼儿很有可能会出现语言障碍或者形成不良的语言交往习惯。

 案例

家长A:孩子3岁了,之前说话什么的都挺好的,总是围着自己说个不停。可是最近不知道怎么了,孩子说话开始结巴了,一句话怎么也说不清楚。打个比方,一句"我想出去玩",孩子"我我我我……"结巴半天(排除遗传因素),就是说不出来。

家长B:孩子已经4岁了,发音还是不清楚,叫"姑姑"总是说"dudu",叫"奶奶"总是说成"lailai"。

语言能力是指掌握语言的能力,它具体分为口头语言能力和书面语言能力。上述家长反映出来的孩子"说话难"方面的问题大致有两点:一是孩子说话晚,二是孩子表达不好,它们都属于语言能力中的口头语言能力。

到底如何才能有效提高孩子的口头语言能力呢?其实这个答案就隐藏在我们的大脑之中。人的大脑和语言息息相关,读懂我们的大脑,对于孩子的语言能力大有裨益。那么,下一节,我们就来一起解读一下大脑和语言的联系,去看看大脑隐藏的语言钥匙到底在何方。

第二节 语言和大脑的关系

自然界中很多动物都能通过声音进行沟通和交往，比如狗见了陌生人会"汪汪"叫，熊愤怒时会咆哮等。然而，动物的这些声音并不算语言，世界上只有人类才具有真正的语言，这也是人类区别于动物的重要标志。

在漫长的演化过程中，人类的大脑慢慢形成了一个特定的部位，专门负责语言活动。人类之所以可以用语言进行交流，谈论古今，就是因为我们有一颗独特的大脑。

1861年，法国医生布洛卡发现，人的大脑左侧额下回的一个区域受到损伤，就会导致严重丧失语言能力，这个部位后来被命名为"布洛卡区"。不久后，另一位医生威尼克又发现，如果人的大脑左侧颞上回后部的一个区域受到损伤，那么人的口语理解能力则会严重受损，后来这个部位被命名为"威尼克区"。如下图所示，"布洛卡区"和"威尼克区"存在于大脑的左侧。

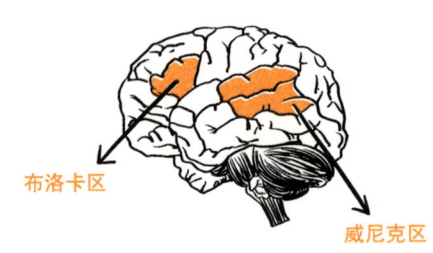

大脑左半球负责语言功能的分区

"布洛卡区"在左脑额下方,它负责的是我们组织语言的能力,也就是负责"说话"的。如果人的"布洛卡区"受到损伤,那么可能就会出现运动性失语症。这类患者可以听懂别人说的话,但是却不能用言语表达,也就是不会说话。

"威尼克区"在左脑颞上回后部,它负责的是我们理解语言的能力,通俗地说就是负责"听话"的。如果患者的"威尼克区"受伤,那么患者就可能出现感受性失语。这类患者可以说话,但是他们听不懂别人说的话。

整体来说,我们人类产生语言的过程大致是,从视觉皮质传到"威尼克区"使人们可以理解语言,然后传到"布洛卡区"让人们组织语言,最后再通过人的运动皮质使人们的嘴巴通过运动发音说话。

除了这两个区域之外,科学家们还发现,连接这两个区域的弓形束在语言中也有重要作用。弓形束连接的"布洛卡区"和"威尼克区"构成了人类的基本语言神经网络,这个网络负责来管理不同的语言活动。

如下页图所示,科学家们通过大脑功能影像技术观察到,当人接收到不同的语言刺激时,人大脑内的基本语言神经网络的各个区域会发生不同的反应。

科学研究表明,儿童2～5岁是语言发展的关键期。在这个时期,如果儿童的基本语言神经网络得到足够的刺激,那么他们的词汇量会突然增加,语法能力也会突飞猛进;如果这个时期内儿童因为某种原因,没有接触到语言刺激,那么他们的语言能力则会严重退化,甚至会造成不可逆的后果。

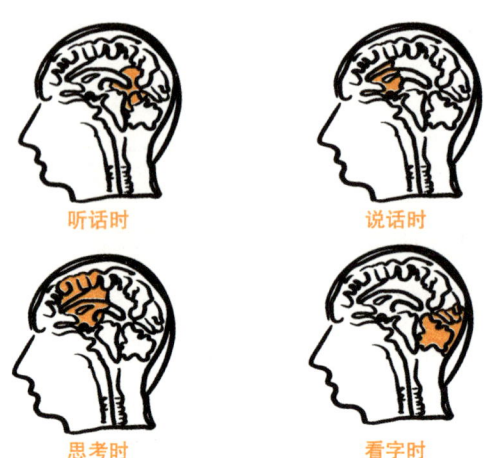

不同刺激下的大脑活动影像

例如，新闻曾经报道过，某些父母外出打工，留下孩子和老人一起生活。由于老人年纪比较大，没有和孩子多交流的意识，导致孩子在语言发展关键期缺乏周边的语言刺激，从而开口说话晚，甚至成为人类社会所谓的"狼孩"和"猪孩"，丧失正常的语言能力。

对于这些孩子，如果后期能够进行足够的语言训练，他们的语言能力也可以得到很好的发展。不过，足量的语言刺激就能保证孩子的语言能力会提高吗？比如用手机、iPad播放大量的音频，让孩子听早教故事等，这些措施到底有没有效果呢？别着急，我们接着看下去。

第三节　真人练习

现在很多家长为了方便，经常让孩子使用电子设备学习或者娱乐。比如使用手机播放早教故事，用 iPad 播放大量音频等。一方面，手机、iPad 等电子设备很容易吸引孩子的注意力；另一方面，电子设备也能减轻家长的负担。因此，很多家长都把它们当作孩子的"电子保姆"。

显然，这种方式给予了孩子足量的语言刺激。不过，电子设备真的可以提高孩子的语言能力吗？在揭晓答案之前，我们不妨先看一则案例。

一位研究者选取了一些 1 岁左右的孩子，把他们分为 4 组：1 组只听普通话，不接触外语，剩余 3 组则通过不同的方式学习外语。在学习外语的 3 组孩子中，其中 1 组上了 12 次真人普通话课程，每一节课都有真人跟他们接触、讲故事，剩余 2 组通过电视和音频学习同样的课程内容。

两个月后，研究者对这 4 组孩子进行外语辨音测试。研究结果表明，通过真人课程学习的孩子在外语辨音测试上的得分最高；通过电视和音频学习的小孩的外语能力并没有提高，并且得分与没有学习外语的孩子成绩差不多。

通过这个案例我们不难看出，孩子学习语言的方式不同，其大脑反应是不一样的。电子设备与真人学习相比，真人学习更能提高孩子的语言能力。

当孩子通过电子设备学习时，他们不需要多少转换和互动，只需要被动接受就可以了，这样只能锻炼孩子大脑中与听和说直接相关的区域。更甚之，长此以往，孩子的学习能力和社交能力有可能还会下降。

而当孩子与真人交流互动学习时，除了听和说，孩子还得到了与真人之间的肌肤接触和语言交流。这种方式不仅可以刺激"布洛卡区"和"威尼克区"，还能很好地刺激大脑额叶区域。

大脑额叶是人类大脑的司令部，它可以调动人脑的其他部位共同活动。通过锻炼孩子的大脑额叶，可以全面训练孩子的语言能力，并且可以有效提高孩子的思维能力和认知能力。

由此可见，要想真正地提高孩子的语言表达能力，不能一味地将孩子扔给电子设备，而是要多和孩子进行真实的交流。

相关研究调查结果显示，在儿童语言发展的关键时间，父母与孩子交流的次数越多，孩子的智能发展情况越好。所以为了孩子的语言能力发展，家长不妨把平时的交流当作语言训练工具，进而促进孩子的智力发展。

值得注意的是，真人学习并不是完全摒弃电子设备。在互联网高速发展的21世纪，这种极端的做法显然是不现实的。虽然不管在什么年龄，真人学习都是效果最好的学习办法，但如果实在无法避免电子设备，家长也可以将电子设备当作孩子语言学习的辅助工具。比如家长可以将自己的故事录成语音播放给孩子听，或者用电子设备和异地的孩子视频、语音等。总之，无论孩子在口语表达方面是否欠缺，都要经常对他们进行语言能力的训练。

第四节　幼儿的训练乐园

许多爸爸妈妈在孩子的语言能力方面非常上心，但是由于他们不知道如何锻炼孩子的口语能力，因此很多时候总是手足无措。在这里，和大家分享几个针对1～2岁幼儿宝宝的口语训练方法。

一、口腔肌肉练习

想让孩子在语言能力方面打下良好的基础，帮助孩子锻炼口腔肌肉就是其中的方法之一。

平时爸爸妈妈在家时，可以带领孩子做一些鼓腮、吹气、伸舌头这类的动作。这些口腔肌肉的练习可以在睡觉前做，每个动作以5次为一组，每天每个动作做3组。久而久之，这种练习就会成为固定的习惯。

二、听音练习

爸爸妈妈可以在宝宝面前放一些东西，然后通过下命令的方式，让宝宝自己拿东西或者做相应的动作。

1.听音取物

爸爸妈妈可以在宝宝面前摆一些相似的物品,比如大皮球和小皮球、黑色小熊和白色小熊等,然后给宝宝下命令,如"拿一个大皮球"。或者可以在宝宝面前摆各种物品,让宝宝分类识记,如命令宝宝"拿一个可以喝的物品""拿一个可以拍的玩具"等。

2.听音做动作

爸爸妈妈下一些类似"宝宝点点头、宝宝挥挥手、宝宝跳一跳"这种简单命令的游戏,然后让宝宝完成指定动作。注意,下命令的时候应当尽可能地减少肢体暗示,不要用手指指示孩子,尽量让孩子独立完成。如果孩子听不懂,可以多重复几次。

另外,在游戏过程中,可以利用孩子的情绪锻炼孩子的语言能力。比如问孩子"你为什么不想玩了啊?""你为什么这么高兴呀?"这样能更好地促进孩子的语言理解能力的发展。

三、交朋友

爸爸妈妈可以利用会说话、会唱歌的洋娃娃、糖果和玩具等,陪孩子玩交朋友的游戏,让孩子通过游戏学会一些交往的基本用语。

比如,爸爸妈妈可以让洋娃娃给宝宝打招呼,然后用语言鼓励宝宝与娃娃打招呼,说"你好",当宝宝学会后,爸爸妈妈可以用洋娃娃的身份送给宝宝一些糖果、玩具,对宝宝说"这是送给你的",随即教宝宝拿着礼物学说"谢谢"。

在家庭日常生活中,爸爸妈妈也可以教宝宝一些交往用语。比如在路上看到别的宝宝,让自己的宝宝主动与别的宝宝打招呼,或者爸爸出门的时候,引导宝宝说"再见",并做出相应的手势等。这种方式不仅能够锻炼宝宝的口语表达能力，还可以让宝宝变得更有礼貌。

四、猜猜我是谁

准备爸爸妈妈、爷爷奶奶、哥哥姐姐等家人的照片，平时多带宝宝认识照片上的人，告诉宝宝照片上的人是谁，喜欢什么等。等到宝宝熟悉后，可以引导宝宝说出照片上的人物和自己的关系，比如"这是我的奶奶，她喜欢看电视"等。或者给宝宝下命令"哪个是爸爸"，让孩子自己选出相应的照片。

需要注意的是，1～2岁的孩子理解能力不是很强，所以父母选择的游戏和下的命令应该相对比较简单。

五、念儿歌

准备一些简单易懂的儿歌，家长根据儿歌的内容作出相应的动作，给孩子做示范。孩子熟悉之后，家长带领孩子一起边念儿歌边做动作。

比如，家长表演《五只老鼠》儿歌时，可以用五个手指代表五只小老鼠，另一只手代表一只小猫。然后配合下面儿歌的具体内容，做出相应的手指动作。

"五只老鼠出门玩"，摆动五个手指；

"路上捡起面包渣"，五个手指做出抓、捏的动作；

"一只小猫出门玩"，另外一只手自由舞动；

"四只老鼠逃回家"，将其中一根手指缩起来，其他四根手指

摆动；

"路上捡起面包渣"，四根手指做出抓、捏的动作；

……

这个游戏主要是锻炼孩子的口头表达能力和肢体协调能力。在游戏过程中，家长可以根据孩子的熟练程度和年龄，自己改编儿歌或者逐渐增加儿歌的难度。

六、数字歌

准备一些数字卡片和相关的图片，家长和孩子一起看图片并数数，然后分别说一说这些数字都像什么。

情景演示

妈妈："宝贝，我们来一起表演数字歌吧。"

冰冰："好呀。"

妈妈："1像什么？"

冰冰："1像铅笔细又长。2像什么？"

妈妈："2像小鸭水上漂。3像什么？"

冰冰："3像耳朵听声音。4像什么？"

……

在游戏过程中，如果孩子回答不上来，家长可以用图片引导孩子，让孩子仔细观察。注意要给孩子自由发挥的空间，让孩子大胆说出自己的想法，家长要多用肯定、鼓励、乐观的态度对待孩子。

第五节　儿童的游戏乐园

2岁以上儿童的理解能力和认知水平较婴幼儿有所提高，这时爸爸妈妈可以结合孩子的实际情况选择一些有难度的游戏，进而提高孩子的语言理解能力和对复杂语句的理解能力以及表达能力。下面，我们就来看一些适合2岁以上儿童的语言训练游戏。

一、说话游戏

提高语言能力不仅要学会听，还需要大量的"输出"练习。如果孩子已经到了说话的阶段，爸爸妈妈可以跟孩子进行大量的交谈，并利用一些科学技巧与孩子练习说话游戏。

1.小小导游

每天带孩子外出时，爸爸妈妈可以充当孩子的小导游，引发孩子对语言的兴趣。比如外出后，爸爸妈妈为孩子介绍天气："宝贝，你看，今天是个大晴天，太阳暖洋洋的真舒服啊！天空好蓝，白云一朵一朵的。咦，你看看，那朵白云像不像一只猴子？"

注意在介绍的过程中，家长要注重景物的细节。比如树上叶子像什么，小草上有透明的露珠等。再者，可以把景物和孩子扯上关系，引发孩子的兴趣。例如，和大树挥挥手、打个招呼等。

2.每日回顾

孩子放学后，家长可以问一问孩子"今天在幼儿园学到了什么，中午吃的什么，和哪个小朋友玩了"等。如果孩子不愿意说，家长可以提前关注孩子平时的食谱和课程，然后问孩子一些"是不是学了折飞机"这样的选择题。这样，慢慢地，孩子的表达就会变得流利。

二、看图讲故事

看图讲故事就是用形象的画面帮助孩子掌握如何讲清一件事情，通过这类游戏可以让孩子学会用完整的句子回答一些问题。爸爸妈妈可以每天都找一些图片，然后带着孩子说一说。

游戏步骤

首先，挑选几幅图画。3岁以下的孩子最好选用单幅画，3岁以上的孩子可以选择一些有因果关系的双幅或多幅连环画，但注意画面人物形象要相对简单、突出，情节要一目了然，不要太过复杂。

然后，提问一些简单的问题。孩子看完图片后，爸爸妈妈可以问孩子一些比较简单的4W问题。所谓4W，是指when——时间、where——地点、who——人物、what——事件。比如故事是什么时候发生的，在哪儿发生的，图上有什么人，他们在干什么等。

最后，提问一些有困难性的问题。如果孩子能够流利地回答家长提出的简单问题，家长可以过渡到一些图片上看不出来的需要孩子思考作答的问题。例如"兔子最后是怎么回到家的啊""狐狸为什么要这么做啊"等，然后和孩子一起讨论。

若孩子一时回答不上来这些有困难的问题，家长也不要气馁，因为孩子的所有发展都需要一个过程。只要家长在这个过程中能够长期坚持，并且有耐心，到最后肯定会有收获的。

三、复述故事

给孩子讲故事是提高宝宝理解力最有效的一种方式。平时爸爸妈妈可以反复给孩子讲同一个完整的故事，等到孩子熟悉故事情节后，可以试着让宝宝复述。

在复述过程中，如果宝宝中途卡壳，爸爸妈妈可以适当地提示一些关键词，尽量做到让孩子复述完整个故事，并反复练习，直到他们能够流利地复述完故事。这种游戏能锻炼孩子的口才。

四、小小营业员

准备好几件孩子的玩具和一件围裙，并将玩具逐一放好。游戏开始后，妈妈先系上围裙当营业员，然后向孩子介绍商品。

比如"这是一只小白兔，它有2只长长的耳朵，4条腿，一条短短的尾巴，它全身都是白色的，它最喜欢的食物是胡萝卜，你喜欢它吗，喜欢就把它带回家吧！"

孩子将小白兔"买"回去之后，妈妈和孩子角色互换，让孩子来当营业员，为妈妈介绍商品。妈妈购买完后，游戏反复进行。

在玩游戏的过程中，孩子会逐渐模仿家长说话以及办事的方

法,从而达到锻炼孩子口语能力的效果。

五、传电报

家中的成员和孩子坐在一起,一个接一个地在耳边讲一些有趣的电报内容,最后一个人复述电报内容,大家一起检验电报的准确性。

例如,妈妈在孩子耳边说"小猴子打败了大象",孩子听完后传给爸爸,爸爸再传给爷爷,爷爷传给奶奶。奶奶听完后,向大家说出她听到的内容,大家一起验证奶奶说得对不对。如果家里没有第三人,可以让孩子在听完后,直接在家长耳边再复述一遍。

传电报的游戏可以培养宝宝的记忆力和语言表达能力。

第六节 知识拓展

很多家长认为,两三岁的孩子还小,不需要太多的学习和锻炼,其实不然。2～3岁是孩子口语表达能力发展的关键时期,要想实现孩子伶牙俐齿的目的,就一定要在这个关键时间打好基础。

前两节我们已经介绍了一些相关的训练游戏,通过这些游戏孩子可以有效提高口语表达能力。除此之外,家长还需要增加孩子与其他人交流的机会,以及早点让孩子学习外语。

一、鼓励孩子与同龄人交流

同龄人之间的交流是父母长辈等成人替代不了的，通常孩子都对同龄的小伙伴有着天生的亲近感，与同龄伙伴交流时，孩子更愿意主动倾诉心声。如果家长留心观察就会发现，喜欢和同龄伙伴交流的孩子，在家里也非常爱说话。

如果孩子特别胆小或者害羞，不会主动和其他小朋友玩，家长也不用着急。在出门的时候，家长可以让孩子拿一件玩具，等见到其他小朋友时，主动让孩子和对方分享或交换玩具，这样能够快速让孩子消除胆怯，融入同伴之间的游戏中。

二、早点学外语

现在市面上的双语幼儿园数不胜数，许多 2～3 岁的孩子已经开始学外语，这一点有很多家长疑惑不已，他们觉得这么点的孩子，中文还学不好呢，外语能行吗？实际上，孩子早点学外语不仅能够更早地掌握一门语言，而且对整个语言能力的促进有着很大的好处。

孩子在语言的学习中，至关重要的一项就是发音。一个发音动作形成一个音素，不同音素对大脑产生相应的刺激。因此，外语的学习能够增加孩子音素的数量，久而久之，孩子的大脑就能发展出特定音素的分辨能力。当孩子对外语有了特定的敏感性之后，只要稍加开发，就能远远超过其他没有学习外语的孩子。

说到这里，有些家长可能比较担心，过早地学习外语，会不

会造成混乱？其实这一点家长完全不必担心。因为研究发现，虽然外语和母语在大脑上的定位十分接近，但是它们不会完全重合，所以两种语言并不会在大脑中产生冲突。

再者，国外讲两种或两种以上语言的家庭很常见，在这种家庭中生活的孩子，不仅会说每种语言，还能在各种语言之间自然切换，所以语言种类的多少对大脑并没有什么影响。

而且，外语学习还能促进孩子的语言机能。很多外语比较好的孩子，他的语言表达和感受能力也比较高。也可以说，外语不仅仅是一门语言，还能够提高孩子的整体语言能力。

需要注意的是，3岁左右的孩子毕竟能力有限，所以关于外语方面的学习仅仅限于"会听"阶段。所以，家长不要过分"逼"孩子学外语，只要适当地让孩子听一些外语，让孩子接受一些外语的环境刺激就可以了。

当然，在外语学习中，如果孩子能够有机会接触外国人，会得到更好的效果。因此，有条件的家庭，可以为孩子选择一些有外教贴身陪伴交流的双语幼儿园或者英语学习班。

第二章 阅读能力
——让孩子赢在起跑线，从小就爱上看书

第一节 看书的烦恼

相信大部分家长想象中的暑假都是这样的：孩子坐在自己身边，安静地看书，小眼睛里面时不时泛起对知识渴求的亮光。然而，事实不尽如人意。现实生活中，暑假几乎是家长的世界末日。孩子满世界疯跑，手机不离手，iPad、电脑玩不够。一旦离开了课堂，孩子就像混世魔王一样，每天搞怪耍无赖，反正就是不想看书。面对这样的熊孩子，很多家长都表示束手无策。

家长 A："我家孩子最烦的就是看书了，每天在家就知道玩玩具。每天他爸爸让他看书时，他总是哭哭啼啼，要不就是各种摔玩具，为此我和他爸爸头疼得不行。为什么看书对于孩子来说这么痛苦呢？这件事有没有解决的办法啊。"

家长 B："我家孩子倒是不排斥看书，不过他只喜欢看漫画书，而且一看起来就自己在那儿一边儿笑一边儿跳的，闹个不

停。每次我跟他说,宝贝我们一起看一会儿带文字的书好不好,他就瞬间晴转阴,自己抱着漫画书回屋子里去。这不,到现在孩子都不认识几个字,真的是急死人了。"

家长C:"之前孩子的语文老师就说过,阅读能力非常重要,阅读不好很影响学习。可是一说起看书,孩子就满口的我不想看书,我不想看书。我们做家长的真的是有心督促,但没有办法吸引孩子自己乖乖看书啊。"

根据美国的一则调查报告《成为阅读大王》显示,学校的每一项课程都依赖于阅读基础,阅读能力是学习能力的核心。因此专家建议家长在孩子幼儿园到小学这个阶段,应该把阅读能力作为非常重要的能力来培养。

然而,现在很多家庭都像案例中家长们的"哭诉"般无奈。很多孩子宁肯无所事事地闲逛,玩那些玩腻了的玩具都不想看书,因此阅读能力成了很多家长的心结。

其实要想解决孩子看书的烦恼,首先要追本溯源,探究孩子不爱看书的原因。现在的孩子不爱读书,大致有以下原因:

第一,读书心不在焉。很多孩子读书是为了读而读的状态,他们没有对读书产生乐趣,但是每天还要因为老师和家长的要求,被迫读书,在这种状态下孩子很难爱上读书。

第二,没有良好的阅读习惯。大部分孩子的阅读就是"三天打鱼两天晒网",老师要求读就读,不要求就不读。再者,现在很多家庭里面都没有书,这样一来孩子就更不可能习惯读书了。

第三,读书分心,缺少延迟满足感。美国曾经做过一个调查，该调查发现 2 岁以下幼儿使用移动设备的比例为 38%。现在的孩子是在一个真正的数字原生代环境下成长的，他们比我们更加会利用网络，同时在电子设备上花费的时间更长，可以说使用电子设备已经成为他们的生活方式。因此，孩子不爱读书的很大原因在于电子设备让孩子分心，纸质书已经满足不了孩子。

知道孩子不爱读书的原因后，我们又该如何培养孩子的阅读兴趣，提高孩子的阅读能力呢？别急，其实要想让孩子从小爱上读书很简单，我们只需要点亮孩子大脑中的一个"开关"就可以了。如果你想知道这个开关在哪里，不妨继续读下去！

第二节　大脑里的阅读"开关"

阅读是人类独有的高级认知加工过程，它和语言一样，它们都是人类区别于动物的重要标志，并且在我们的大脑中同样存在一块专门负责阅读的区域，这块区域就是我们所说的大脑里的阅读"开关"——角回。

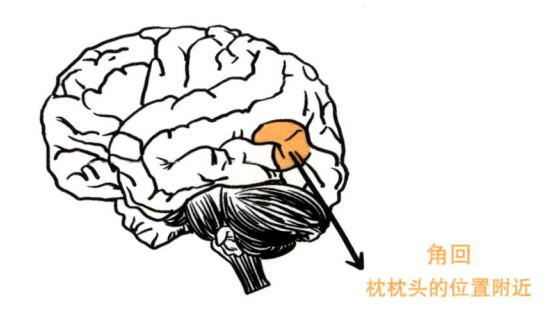

角回
枕枕头的位置附近

如上图所示，在我们大脑顶叶和枕叶交界的位置，也就是我们平常枕枕头的位置，有一个叫"角回"的区域，这块区域就是负责我们阅读的脑区，它又叫"阅读中枢"。角回区域的日常工作就是帮助我们把书面文字转换为口语，以及把口语转换为书面文字。

如果人的角回区域受损，就会患失读症。这类患者可以说话，也能听懂别人在说什么，眼睛也能看见物体，唯一受到影响的就是无法理解书上写的东西，也没有办法把听到的内容和书上的内容联系到一起。因此，可以说角回区是主宰孩子阅读能力的"开关"。

那如何才能点亮孩子的角回区，让孩子爱上阅读呢？其实在激发角回区这一点上，中国的孩子拥有很大的优势。因为与外国的英文字母相比，我国的汉字有着独特的魅力。

首先，外国人在培养阅读能力时，因为英文字母产生了很大的阅读障碍。比如外国孩子在学习"b""d""p""q"这四个字母时，经常因为形态差不多抓耳挠腮，分不清到底是哪个字母。而中国孩子在阅读时，遇到这种英文字母或者拼音的障碍很低。

在日常学习汉字时，我们通常是根据每个字的形和义结合来认识汉字的。比如学习"休息"的"休"字时，我们可以给孩子展示一张一个人靠着树休息的图片，然后结合字给孩子讲解，"休"字的左面是"人"，右面是"木"，也就是一棵树，合起来就是一个人靠着树休息，所以这个字就是"休息"的"休"。

其次，汉字需要孩子对字形有一定的感知和把握，所以孩子在识字时需要调动大脑的不同区域来处理文字，如下图所示。

第一部分 语言能力

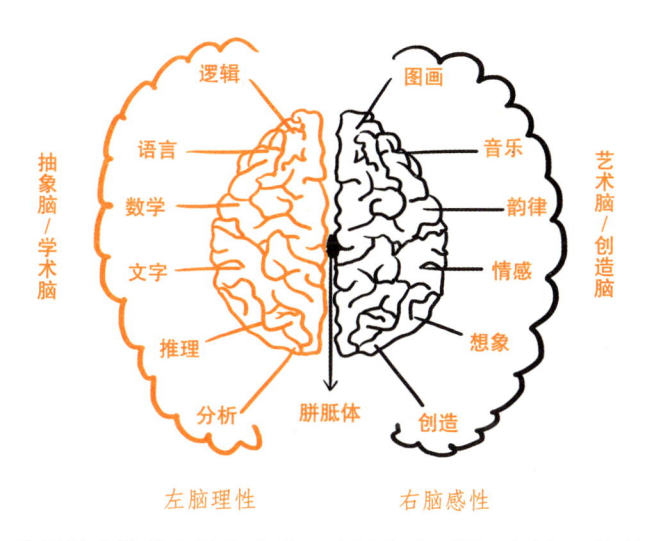

```
抽象脑/学术脑    逻辑  图画    艺术脑/创造脑
              语言  音乐
              数学  韵律
              文字  情感
              推理  想象
              分析  创造
              胼胝体
     左脑理性    右脑感性
```

我们的大脑分左脑和右脑。左脑负责逻辑、语言、数学、文字、推理、分析，所以被称为学术脑和抽象脑；右脑负责图画、音乐、韵律、情感、想象、创意，所以被称为艺术脑和创造脑。

当我们识字的时候，虽然和学习拼音一样主要依靠左脑，但是在识记的过程中，我们的右脑也会参与信息处理的过程，负责分析汉字的形象和语义。因此，汉字阅读能够充分开发我们的大脑机能，促进视觉、知觉和大脑认知功能的发展。

基于汉字给我们带来的独特阅读优势，很多家长在欣喜之余不禁会产生疑问：是不是越早让孩子识字，孩子就会喜欢阅读呢？看起来早识字能够为阅读打好基础，但其实这种方法并不是上上之策，至于原因，我们会在后面揭晓。

第三节 阅读能力低下导致的问题

一、阅读障碍

阅读障碍多半发于婴幼期或童年期的孩子，特别是6～7岁的孩子十分明显。这个阶段的孩子如果没有得到足够的语言刺激，错过了阅读能力发展的关键期，很容易患上"阅读障碍症"。

阅读障碍症的具体行为表现如下：读文章非常慢并且很吃力，读完后不理解文章的内容；阅读或者写作时，经常跳字、跳行；不喜欢朗读，朗读时经常增字、删字；不喜欢大量阅读的任务，不愿意读长篇小说或者比较长的文字材料；写作文时内容过于简单或枯燥；完成读写作业后非常疲劳。

除了阅读、书写之外，具有阅读障碍症的孩子在日常生活中的行为表现也会受到很大的影响。比如，孩子在辨析距离和方向时比较困难；做某件事情时注意力经常不集中，或者没有组织概念，对所见所闻只能掌握一部分；自尊水平低，自信心差；平衡感不好，小肌肉动作笨拙；专注力差，经常从一个活动或想法跳到另一个活动或想法等。

二、影响理解能力

"识字——阅读——理解"是孩子学习时的基本规律,由此可以看出,孩子的阅读能力决定着他们的理解能力。孩子的阅读能力不好,那么他的理解能力也会受到影响。在此,举一个简单的例子。

小王:"诺诺,你来朗读一下李白的《望庐山瀑布》。"

诺诺:"老师,这么简单的诗,我早就背过了,我背给你听吧。"

小王:"好,那你背一下。"

诺诺:"日照香炉生紫烟,遥看瀑布挂前川。飞流直下三千尺,疑是银河落九天。老师,我背完了,是不是背得很快。"

小王:"嗯,不错,那你知道这首诗的意思吗?"

诺诺:"不知道,古诗不是背过就可以吗?"

小王:"背过当然是件好事,不过至少你在背的时候,能不能加点感情和节奏呢?"

诺诺:"什么是感情和节奏啊?读课文还需要感情吗?"

我们都知道,读文章或者古诗不是单纯地死记硬背,而是从节奏、感情上去理解文章。如果孩子拿到一篇文章后,仔细阅读了几遍,仍然不知道作者表达的意思,就不会知道文章好在哪里,也就很难读出文章的节奏和感情,更不用说欣赏文章的美妙之处了。

目前，很多孩子在读文章的时候，都是识记一下生字词，简单理解一下文章就草草结束了任务。长此以往，可能会导致孩子上了五六年级，甚至初高中后，都不能概括出文章的段意，没有办法自主解答问题。

阅读能力和理解能力是相辅相成的，孩子在大量自由阅读后，才会逐渐理解文章的意思。反过来，孩子只有理解了文章的意思，其阅读能力才会得到提高。

三、影响记忆能力

很多家长在分析孩子试卷时发现，孩子在一些需要背的知识点上频频失分，尤其是不用动脑筋的记忆题，孩子却答不上来几个。这显然是孩子的记忆能力比较弱，不过究其本质与阅读能力也有一定的关系。

国内研究者抽取一些智力正常的学生，经过一段时间的观察后发现，记忆能力比较好的学生平时阅读了大量的图书，他们在老师讲解文章后，在一个小时内就能背诵出文章。反观那些记忆能力比较差的学生，他们几乎从来没有读过课外书，也没有养成记忆的习惯，所以在平时背诵时会很吃力。

四、影响思维能力

人类的思维发展依赖于语言能力，语言能力则跟"听、说、读、写"分不开。而"说"和"写"需要大量的素材支持，也就是说孩子没有大量阅读文章的基础，那么他们脑海中就没有东西可"说"和可"写"。

进一步来说，孩子们通过阅读读到的是书面语言，而书面语言的严密性特点是逻辑思维所必需的。如果孩子不能读、不会读，那么会导致其知识面窄、文化素养低，思维方式贫乏，逻辑思维能力也会降低，进而影响到思考问题和解决问题的速度和效率。

五、影响学习能力

无论是文科科目还是理科科目，绝大多数学科中的理论和实践指导中的内容都需要依靠阅读来理解，所以不管哪个阶段的孩子都需要依靠阅读来学习。

如果孩子的阅读能力低下，那么他在阅读文章、题目时，会比别人多花费几倍的时间，再加上其思维方式的局限性，这些孩子会很难赶上其他孩子。久而久之，孩子的学习能力也会大大下降。由此可见，阅读能力对学习能力的影响颇深。

阅读能力是思维能力、学习能力、理解能力等多种能力发展的基础，家长在孩子成长过程中，应当对孩子的阅读能力给予重视，多多进行阅读方面的训练，进而避免阅读能力低下而产生的不良现象。

第四节　阅读方法

现在很多家长在孩子不到 1 岁的时候就开始教他们识字，其实这样做有点操之过急。因为 1 岁的孩子还不到阅读关键期，如果家长过早地教孩子识字，不但没有效果，而且还会耽误了孩子口头语言能力的发展。

我们已经知道，2～3 岁的儿童处于口语发展的关键期，这个阶段儿童需要接收大量的语言刺激。儿童的书面语言关键期是 4～5 岁，这个时候孩子大脑相对比较成熟，已经可以将某个文字、图片或物体跟具体意义联系在一起。因此，要想提高孩子的书面语言能力，最好从 4 岁左右开始教孩子识字。

那么，我们到底要如何培养孩子的阅读习惯呢？其实让孩子喜欢阅读的方法有很多，下面我们就来详细认识两种培养孩子阅读能力的方法。

一、识图阅读

对于不满 4 岁的孩子来说，通过文字进行阅读显然是不现实的，不过在 4 岁之前我们可以教孩子识图阅读。

根据专家的研究，孩子在识图时大脑发生的反应和阅读文字时发生的反应大体相同，因为识图和阅读文字都属于一种外部的刺激，这两者都可以促进孩子语言中枢的成熟发展。另外，丰富有趣的图画有利于孩子培养审美能力、开发想象力，激发孩子的阅读兴趣。

家长平时就可以带领孩子阅读一些绘本，也就是我们常说的图画书，通过这种识图的方式来培养孩子的阅读能力。

二、指读

孩子年龄逐渐增长后，他们认识的汉字也会逐渐增加，这时简单的图画本已经不能满足他们的阅读需求。在这个识图到识字的过渡时期，家长可以采用指读的方式帮助孩子阅读。

指读是指在孩子读绘本的时候，一边用手指着字，一边读出汉字的音。通常4～5岁的孩子已经能够读懂文字的意思，这种方法能够帮助孩子快速习惯阅读。

指读有三种方式，一是儿童自读，二是父母伴读，三是父母指读。相关研究者经过比较发现，在这三种指读方式中，父母指读时，孩子读绘本图书的注意时间最长。也就是说，指读时，父母最好亲自指读，这样更能保证孩子阅读的效果。

需要注意的是指读不是一个字一个字地去读，这样不仅会破坏孩子的想象力，而且还会影响孩子阅读的效率和速度。要想达到指读的效果，父母需要注意以下几点：

第一，指读适用于初步接触文字阅读的孩子。指读不能长期使用，当孩子识字能力成熟后，父母应该舍弃指读模式，以免孩子过分依赖于指读，进而影响阅读效果。

第二，指读应该是在句子中去指读。指读并不是让孩子一个字一个字地指着去读，而是指着几个词语或者句子去读。尤其是指读后期，也就是阅读的高级阶段，父母可以按照词组、短语、句子等整体上去指读，这样，孩子的阅读能力才会有所提升，孩子才会逐渐喜欢上阅读。

如果孩子在阅读阶段不喜欢读纯文字的书，无法舍弃那些色彩艳丽的读本，家长也不要着急。孩子之所以喜欢绘本不喜欢纯文字的书，是因为他们还没有体会到阅读文字的乐趣。这时候家长不妨耐心陪着孩子读纯文字的书，最好多读一些有趣的故事。当孩子慢慢体会到文字的魅力后，他们就会逐渐喜欢纯文字的书。

第五节　闪卡识字训练

脑科学家们一直认为，人类大脑的体积在 2～5 岁的幼儿时期就已经发育到了成人的 90%，要想让孩子的智力实现飞跃性的提高，就必须抓住这一关键时期。为此，著名的脑力开发研究者威·温格提出了使大脑处理速度提高 0.5 秒的视点训练法。

威·温格认为，教孩子识字不能一个字一个字地去识记，最好的办法是把汉字写在卡片上，只让孩子看一眼，然后读出来，这样的练习能够让孩子学会一个本领：在看到物体的瞬间记住最多的信息。

威·温格提倡的这种识字方法就是闪卡识字。闪卡识字能够促进孩子的右脑发展，培养孩子的瞬间记忆能力和语言能力。但现在我们要说的闪卡识字，与目前市面上流行的左字右图、上字下图或者只有单一汉字的闪卡教学有所不同。

普通的闪卡通过展示相关内容，希望孩子能掌握所有听到的东西，进而刺激孩子的感知和理解力。这种闪卡的缺点就是剥夺了孩子主动感知世界的机会和能力，并且长时间近距离的观察还有可能会影响孩子的视力。

美国心理学家斯佩里和麦伊尔斯在左右脑机能优势论中写道，人类主要通过左脑处理汉字，右脑处理头像。他们通过实验发现，人类的左脑接收汉字后，会以180毫秒的速度把汉字传到右半球；人类的右脑接收图像后，会以180毫秒的速度把图像传到左半球。因此，正确的闪卡应该是左图右字，这样可以有效提高孩子认读汉字的速度。

闪卡训练方法和步骤

首先，准备一些白色的硬纸板，大小差不多32开。卡片一定要有硬度，否则展示时可能会晃动。

然后，从网上打印一些想教给孩子的汉字和相应的图片。同一个汉字可以选择不一样的字体，比如宋体、楷体、黑体等；选择图像时尽量选择一些不同类型的，比如选择"车"时，可以选公共汽车、火车、出租车等，这样有助于孩子真正理解每个字的意思。

接着，在纸板中间画一道竖线，然后把图片贴在左侧最中间的位置上，把汉字贴在右侧最中间的位置上。另外，需要注意的是，家长要在整张卡片的中心画一个小小的十字，这样孩子的视

线可以聚集在卡片最中间，进而保证闪卡训练时图片和汉字能够同时进入孩子的大脑。

制作完毕，家长可以将卡片放在一起，然后在孩子面前以短于一秒的时间，一一将卡片呈现给孩子，让孩子认出并读出来。

情景演示

佳佳："妈妈，桌子上为什么有这么多的卡片，它们是用来干什么的啊？"

妈妈："这是爸爸昨天晚上给你制作的闪卡，为了制作这个，爸爸花了好长时间呢！"

佳佳："是吗，那谢谢爸爸了，不过这个要怎么用啊？"

妈妈："这个其实很简单，你看图片上有很多工具和工具的名字，你只要看着它们说出每一张图片上的工具名字就可以了。"

佳佳："听起来是挺简单的，那我们现在来玩一下吧。"

妈妈："可以啊，那我们看看你在一分钟之内能够认出多少图片。"

佳佳："好。"

妈妈："喏，现在我来拿着图片，你来快速认一下吧。"

佳佳："公交车、自行车、轿车、卡车、草莓、水果……"

妈妈："宝贝，你太厉害了，一分钟居然说出了这么多个。"

闪卡识字训练能够让孩子快速识记汉字，并且在短时间内能够记得又快又准。不过，我们不能单纯地只用闪卡训练来提高孩子的阅读能力。最好的做法是利用孩子的记忆特点再通过游戏的方式，将卡片上的内容转化到实际中，然后再加以巩固，这样孩子的记忆能力才能转化为识字阅读的能力。

第六节　情景训练

日常生活中，除了闪卡之外，家长还可以利用生活中的实际场景来锻炼孩子的阅读能力。下面我们就来看几个简单又有效的科学方法。

一、结合语境识字

4岁的孩子处于识字的敏感期，他们对所有的文字符号都十分感兴趣。而生活本身就是一个极其丰富的大宝库，超市名称、商厦名字、车牌号、广告牌等，这些都可以成为孩子识字的素材，所以，家长平时可以引导孩子在生活中识字。

比如，当家长带着孩子去超市的途中，可以带着孩子认识小区的名字、附近的指示牌。到达超市后，可以教孩子认识超市名称、超市入口、促销广告、商品名称、价签等文字。生活中的文字往往贴合情景，孩子更容易理解文字的字形和字音以及字义，所以，结合语境识字是非常好的阅读训练方法。

二、词汇量积累游戏

柯林斯和奎利安等人的语义层次网络模型中提出，概念是以

结点的形式储存在人的大脑之中的,并且概念具备一点的特征,当我们从大脑中提取概念时,与这个概念特征类似的概念很容易被一起提取出来。

简单举一个例子,比如我们说"麻雀"的时候,不仅会联想到"灰色""小巧"等特征,还会想到和麻雀类似的概念,如"喜鹊""海鸥""鸵鸟"等。依据这种概念提取原理,我们就可以与孩子玩一些简单的词汇量积累游戏。

1.音节扩充游戏

家长在周末外出游玩或者每天晚上,可以和孩子一起,在一分钟之内尽可能地说出某一个音开头的字,然后做好记录,游戏结束后给"获胜者"一些小奖励。

比如周五晚上,爸爸妈妈、爷爷奶奶跟孩子一起玩同音字游戏,大家一起说出以"kai"开头的字,如"开车""凯旋""开始""楷模"等,并做好记录,看谁说得多,最多的人可以获得一块小蛋糕。

2.事物扩充游戏

父母、爷爷奶奶可以用一个事物的范畴诱导孩子进行扩充,在一分钟之内尽可能多地说出某类事物。比如晚饭后,父母可以带领孩子玩"逛水果园"的游戏,诱导孩子说出更多的水果,如"苹果""香蕉""草莓""猕猴桃"等。

三、照相识字

父母可以把孩子需要识记的字做成大小两套卡片,然后爸爸当主持人,妈妈和孩子当摄影师。当爸爸出示某一个字的大字卡时，妈妈和孩子用手做出照相的样子，将大字卡上面的字记住，然后快速寻找对应的小字卡，游戏反复进行。

四、拉火车

父母准备一些长方形的字卡和两个画好的火车头。爸爸做裁判，在妈妈和孩子面前各摆一个火车头。爸爸说开始后，妈妈和孩子快速在火车头后面放上长方形的字卡，列完之后读出整辆火车上的字，最终列成一个完整句子的人为获胜者，游戏反复进行。

五、戏剧小演员

戏剧小演员可以提高孩子对阅读的兴趣，增强孩子对书面语言的感受性。具体步骤如下：父母选择一段对话较多，角色比较简单，趣味性比较强的文章，然后和孩子一起分角色朗读。朗读时要尽量读出感情，将所扮演角色的特点表现出来。

情景演示

南南："好无聊啊！"

妈妈："那我们来玩一个戏剧小演员的故事吧。"

南南："好呀，要怎么玩呢？"

妈妈："这里有一个龟兔赛跑的故事，爸爸来说旁白，妈妈来当兔子，你来当乌龟，然后我们朗读这个故事，看谁模仿得比较像，怎么样？"

南南："好呀好呀，那我们现在开始吧。"

爸爸："一天，森林里举行了一场别开生面的比赛，大家让兔子和乌龟赛跑，看谁跑得比较快。"

妈妈："哼，乌龟爬得那么慢，绝对跑不过我的，这场比赛我赢定了。"

乌龟："兔子跑得那么快，我岂不是输定了。唉，算了，来都来了，还是用力跑吧。"

爸爸："一声枪响，只见兔子一溜烟跑了，而乌龟还在一步一步地爬。兔子跑了一会儿，回头看不到乌龟，于是坐在了一棵大树下面。"

妈妈："乌龟跑得可太慢了，我还是先歇会儿再跑吧，反正它怎么也跑不过我。"

……

如果故事讲完后，孩子还意犹未尽，还可以和孩子一起表演，并要求尽可能地让孩子表现出所演角色的特点。表演时，父母要注意孩子的眼神、动作、语速、语气是否恰当，语言表达是否流畅。

六、训练眼球

训练眼球是指让孩子通过掌控眼球的运动观察事物、阅读文字，此类游戏可以培养孩子的阅读能力，锻炼孩子眼球转动浏览的能力。

具体步骤如下：

第一步，父母站在孩子面前，将一件小玩具有规律地从左到右或从右到左，从上到下或从下到上移动，让孩子对玩具进行观察。

第二步，在观察过程中，父母注意孩子的眼球是否跟着移动，移动时头是否也在动。如果孩子观察时头也一直跟着转动，那么父母就要逐渐锻炼孩子只依靠眼球转动来追踪目标，直到孩子完全不动头为止。

第三步，家长在孩子面前放一张写满数字的纸，然后让孩子不动头部，只依靠眼球转动来阅读这些数字。

第四步，家长在孩子面前放一篇文章，让孩子不动头部，只用眼睛来一行一行地阅读文章。

第二部分
思维能力

第三章 形象思维
——怎么培养孩子天马行空的想象力

第一节 孩子为什么想象力弱

每个孩子的想象力都有所不同,比如当老师说想象一幅有关春天的作品时,有的孩子想到的可能只是简单的树叶、花朵的图案;而有的孩子可能就会在脑海里想象,自己在春天出去玩的故事情节……

为什么有的孩子想象力如此丰富,有的孩子想象力比较弱呢?其实这和孩子的形象思维能力息息相关。

上一章我们说到,我们的大脑分为左脑和右脑。其中左脑主要负责语言、阅读、数学运算和逻辑推理;右脑主要负责欣赏艺术、音乐、情绪以及知觉物体的空间关系。这一节我们所说的形象思维就由右脑负责。

形象思维是指我们通过大脑中展现的一个又一个的形象来思考问题的过程,简单来说形象思维就是我们在大脑中过电影的过程,它包括表象、想象和创造。由此可以看出,孩子的想象力和创造力的发展与形象思维有着紧密的联系。

顾名思义，形象思维是以"形象"为基础的，它没有具体的概念、理论和逻辑，因此又叫作非符号化思维。

非符号化思维包括我们听到的、看到的、闻到的、触摸到的各种具体的图像；符号思维则是指将具体的事物与特定的符号系统建立联系的过程，比如数字、图形等都是符号思维。

现在不管是在学校还是在家里，大多数人都比较重视孩子符号思维的培养与训练，比较推理能力、数理化能力等，而忽略了孩子的形象思维能力。这一现象导致孩子的想象力和创造力比较弱，并且在生活中习惯用符号思维去解决事情。

例如：

天天妈妈最烦的就是辅导孩子做数学作业，每次天天算数学题总是抓耳挠腮，想不出来答案。比如在算"3+4=？"这道题时，天天妈妈一直提示他加法口诀，可是天天却很迷茫，不知道具体的答案。

而萱萱爸爸与天天妈妈则不同，他在辅导孩子做数学题时，经常使用一些具体的物体来帮助孩子计算。比如在算"2+3=？"这道题时，爸爸会先把2个积木放在左边，然后引导孩子说出积木的数量，然后再拿3个积木放在右边，引导孩子说出数量，最后再把积木合到一起，诱导孩子说出正确答案。这样一来，萱萱就能够直观地通过具体物体轻松写出答案。

上面的案例中，天天妈妈和萱萱爸爸让孩子学习数学，其本意都是想发展孩子的抽象思维能力，但在孩子的脑海中呈现的画面却完全不同。天天脑海中呈现的是抽象的加法表，而萱萱脑海中呈现的却是自己熟悉的积木玩具，也就是具体的图像。

由于父母的思维方式不同，这两个孩子的学习效果也不一样。根据最后的结果，我们可以清楚地认识到，抽象思维的学习离不开形象思维。

为什么抽象的数字和具体的图形在孩子的大脑中是完全不同的图像呢？怎样才能帮助孩子提高形象思维能力呢？下一节，我们一起来揭开大脑思维的秘密。

第二节　思维发展的秘密

抽象的数字和具体的图形之所以在孩子大脑中呈现的是完全不同的图像，是因为人类思维的发展需要经过不同的阶段。著名的发展心理学家皮亚杰通过研究发现，孩子的思维发展要经过感知运动阶段、前运算阶段和具体运算阶段这3个不同的阶段。

一、感知运算阶段

3岁之前，孩子的思维停留在感知运算阶段，这个阶段的孩子通常是通过实际操作来思考和解决问题的。比如我们经常见孩子玩玩具时，总会不停地拆拆拼拼；当孩子拆或者拼玩具时，他的思维就处于思考模式，当他的动作停止的时候，他的思维也会跟着停止。

二、前运算阶段

3～6岁的孩子，其思维处于前运算阶段，此阶段的孩子一般通过形象思维来思考和解决问题。比如家长问孩子"怪兽长什么样子啊"这种问题时，孩子会在脑海中想象玩具的形象，然后用自己的话向家长描述。

三、具体运算阶段

6岁以后的孩子思维处于具体运算阶段，他们经常通过概念、公式、理论等很抽象的逻辑思维来思考和解决问题。比如老师提问"3×2=？"时，孩子脑海中出现的往往是乘法口诀，随着老师的提问，孩子会自动提取相应的正确答案。

根据皮亚杰的研究，我们就更加清楚地知道，在上一节的案例中，4岁的天天为什么不懂得妈妈所说的加法表的缘故。这个阶段的孩子还不能理解具体的数字和图像，因此只能用积木等一些具体的物体来帮助他们理解一些数学概念。

另外，皮亚杰在研究时发现，人的思维发展就像时间，有着不可逾越的特性。也就是说，孩子的思维发展过程有一定的规律，其顺序是不可颠倒的。比如3～6岁的孩子必须先发展形象思维，然后再发展抽象思维。如果家长跳过形象思维，直接让孩子发展抽象思维，其结果必然适得其反。

因此，家长在培养孩子的思维能力时，一定要遵循孩子思维发展的顺序。对于3～6岁的孩子来说，良好的形象思维是孩子发展抽象思维能力的基础，所以，这个阶段家长不要着急让孩子算数或者做逻辑推理，最重要的是培养孩子的形象思维。

需要注意的是，良好的形象思维和抽象思维有效结合，是孩子各种才艺发展的必要基础。因此，6岁以后的孩子虽然要重点培养他们的抽象思维，但是也不能完全脱离形象思维的训练，最好的做法就是把形象思维和抽象思维结合在一起。

例如，家长可以利用思维导图培养孩子的思维能力。思维导图就是把所有的信息都放在一个树状的结构图上，树的每一个分支都写着不同的关键词和短语。由于思维导图充满了色彩和图像，并且图上的每一个文字符号都是一个鲜活的图像，所以很容易吸引孩子的注意力。思维导图可以充分调动孩子左脑的逻辑思维和右脑的形象思维，进而开发孩子无限的潜能。

第三节 孩子具体形象思维的特点

孩子的具体形象思维包括几个维度，只有科学运用策略才能让孩子的形象思维健康发展。具体来说，孩子的具体形象思维有以下特点。

一、具体性

孩子，特别是幼儿，所思考的内容通常是具体的，他们掌握的是实际生活中的事物，对抽象概念一般难以理解。比如，幼儿明白"桌子""椅子"等具体的词，但很难掌握像"家具"这样的抽象词语。

在日常生活中，孩子对抽象的语言也难以理解。譬如妈妈告诉孩子"吃饭之前要洗手"，年龄较小的孩子基本对此没有反应。而如果妈妈告诉孩子"宝贝，要吃饭了，我们去洗手好不好"，孩子才会明白妈妈的意思。在这个例子中，前者妈妈说的话没有具体说明谁要洗手，所以孩子很难理解，而后者妈妈喊的"宝贝"是个具体的词，对于孩子来说更容易理解。

二、形象性

形象性是指孩子的头脑中充满着颜色、声音、形状等生动的形象，他们依靠这些形象来思考问题。比如在孩子的大脑里面，兔子总是小白兔，小猪总是吃了就睡，爸爸每天都要上班，奶奶的头发都是白的。

基于这个特点，幼儿在思考数学问题时也经常使用形象思维。比如对于一个4岁的孩子来说，如果你问他"6-3=？"他可能不知道，但是你如果问他"本来有6个苹果，现在吃掉了3个苹果，还剩几个苹果"，孩子则能轻易地答出来。

幼儿之所以能够回答后者而不能回答前者，是因为处于形象思维发展阶段的孩子并不是通过算术公式来解决问题的。他们能够回答出来第二个问题，是因为这个问题在他们的大脑中形成了直观的形象。

三、经验性

幼儿会根据自己的生活经验来进行各种活动。比如在一个3岁孩子的眼里,任何东西都和小草一样,可以在土里生根发芽,所以他可能会将小鸡、玩具埋到土里,然后给它们浇水,盼望着它们能够长大。

四、拟人性

在幼儿的眼中,所有的东西都和人一样有生命,所以他们经常把动物、玩具或其他物体当作人,然后把自己的行动经验和思维感情加到这些动物、玩具身上,和它们一起玩耍。比如幼儿会把洋娃娃当成自己的孩子,然后给洋娃娃穿衣打扮、做饭、交谈。

五、表面性

幼儿的思维只停留在事物的表面,他们只能看到事物的表面联系,不能看到事物的本质联系,所以幼儿有时理解不了大人所说的话。比如,妈妈对孩子说"妹妹长得真甜",孩子可能就会问"妈妈,你怎么知道妹妹是甜的,你尝过妹妹吗?"。还有大人说的一些反话,幼儿也难以理解。比如家长恼怒孩子一直看电视,于是对孩子说"你就这样一直看电视吧",在孩子的思维中,妈妈的意思就是可以一直看电视。

六、片面性

由于孩子看不到事物的本质特征,所以他们的思维是片面的。比如坏人为了哄骗孩子，常常拿糖果吸引孩子，孩子只知道这个人给了自己糖果，自己很喜欢，往往想不到这个人为什么要给自己糖果这个问题。因此在日常生活中，只有家长反复教育孩子，不能吃陌生人送的东西，不能跟陌生人走，他们都是坏人，孩子才能明白给自己糖果的陌生人是坏人。

七、固定性

很多家长都有过这种经历，两个孩子在抢一个玩具玩，谁都不撒手，家长为了解决争执，拿出一个同样的玩具让他们各自玩各自的，但是孩子的思维常常转不过来，依旧抢原来的那个玩具。

这种情况就是孩子思维的固定性导致的，他们在思考问题时比较难掌握相对性概念，缺乏灵活性，简单来说就是我们常说的"认死理"，不会变通。对于这个阶段的孩子来说，"小张比小李高，小王比小李矮，那么谁最高"这种问题便显得难度稍高，他们一时难以作答，因此还需要大量的训练作为基础。

孩子的思维发展是一个漫长的过程，从分析、综合、比较到分类、抽象、概括，每一个过程都相互紧密联系，不可分割。家长在孩子的每一个阶段要做的就是，掌握他们的思维发展进程，凭借他们的发展水平，进行相应的训练，这样孩子的思维才会逐渐从事物的外表向内部、从局部到全面发展，并且逐步加深，进而得到全面健康的发展。

第四节　如何判断孩子的形象思维能力

通过上一节，很多家长已经了解了形象思维的重要性。不过，一些家长还是心有疑惑：形象思维固然很重要，但是我要怎么判断孩子的形象思维能力是强是弱呢？这一问题我们可以从形象思维的特征来思考。

心理学家根据研究发现，人的形象思维有两大特征，一是直观性，二是创造性。直观性是指人在接触某一事物后，在脑海中产生的直观印象；创造性是指人在接触某一事物后，在脑海中经过自我加工形成的新形象。根据这两个特征，我们可以分别对孩子做一些形象思维的测试。

一、直观性测试

孩子在看到或者听过某个事物的时候，通常会在脑海中形成这个事物的直观模样。事后，即使这个事物消逝，孩子的脑海中还残留着这个事物的某些特征，这种现象就叫做儿童思维的直观性。

若想测试孩子看待事物是否具有直观性，家长可以给孩子看一张动画片人物的图片，比如灰太狼、光头强等。等到孩子观看图片30秒后，家长将图片移开，让孩子对着白色的墙看。如果孩子在白色的墙上看到了动画人物的图像，则证明图片在孩子的脑海中产生了直观印象。

二、创造性测试

孩子有无限的创造性，当他们看到或者听到某个事物后，会根据自己的想象，把该事物在脑海中进行加工改造，最终形成一个独一无二的新形象。这些由孩子创造出来的形象可能并不存在于世界之上，并且孩子根本没有看到或者听到过。

比如，当孩子看了海绵宝宝的动画片之后，家长试着让他画出一个自己喜欢的海绵宝宝。孩子这时就会发挥自己的创造性，画一只紫色的海绵宝宝或者绿色的海绵宝宝。有些创造性比较丰富的孩子可能还会画出一只有耳朵、有尾巴的海绵宝宝。

通过以上测试，我们就可以判断出孩子的形象思维能力。了解孩子的形象思维能力之后，我们就要思考培养孩子形象思维能力的方法。

其实，培养孩子的形象思维能力，就是让孩子通过对原始事物的观察、记忆和想象，把主观愿望和个性特征融入事物中，进而创造出新的形象的过程。

首先，家长需要给孩子提供更多的仔细观察的机会。在观察的过程中，家长可以启发孩子从不同的视角观察事物。比如利用哈哈镜，让孩子看到一个不一样的自己；将花草拟人化，教孩子在观察事物时注入感情等。

其次，多带孩子记忆事物。"生活是思维的源泉"，在日常生活中，家长可以帮助孩子把比较有趣的、深刻的活动记忆下来，有了一定的积累之后，孩子的脑海里面就会记住很多丰富多彩的

素材。

最后，给孩子足够的思考机会。想象是人脑对过去经验的认识，在想象的基础上人们能够创造出很多的新形象。尤其是对于孩子来说，他们的心没有受到禁锢，能够用想象遨游大海、天空甚至宇宙。因此，在认识事物的过程中，家长可以给予孩子更多的想象空间，让孩子的思维得到拓展。

第五节　动手能力训练

前面我们说了，孩子思维发展的各个阶段是不可逾越的，要想发展孩子的抽象思维，就必须先培养孩子的形象思维。而要想提高孩子的形象思维能力，必不可少的就是先要发展孩子的感知觉。

感知觉也就是我们常说的视觉、听觉、触觉、味觉等生理层面的感觉。发展孩子的感知觉就是让孩子用心去感受这个世界中的事物，比如让孩子认识到妈妈的声音是温柔的，爸爸的胡子很扎手，玩具五颜六色的很好看，小狗叫声很悦耳等。

只有孩子的感知觉发展成熟之后，他们才会对这个世界有一定的感知基础，在此基础之上，他们才会慢慢发展形象思维，进而在脑海中展现事物的图像。比如将看到的小狗照片、听到的雷鸣声、小手碰到的玩具、尝到的美食等事物，形象地记在脑海之中，更深刻地认识这个世界。

我们也可以说，形象思维不仅仅要以感知觉为基础，并且要高于感知觉。只有在日常生活中给予孩子良好的学习环境、丰富的教具，让孩子主动且积极地认识这个世界，久而久之，他们才会建立起完整的人格。

因此，在教育0～3岁的孩子时，家长要给孩子提供丰富的环境，让孩子可以通过实际动手操作来思考问题、解决问题，充分发展他们的感知觉，从而为以后的形象思维能力打好基础。

下面我们就来看一些实际的动手训练，这些训练不仅适用于0～3岁的孩子，而且适用于前期动手操作不够的孩子。

一、触摸训练

在玩玩具和学习图形时，家长可以让孩子通过触摸，感受事物的特征，增加孩子的触觉感知。比如学习三角形、正方形、圆形、长方体、圆锥体等图形和物体时，可以让孩子用手摸一摸他们的轮廓，让孩子感受到圆形是用一条线组成的，正方形四条边都一样长等。

情景演示

铛铛在摆弄自己心爱的玩具，妈妈见状走过去对宝宝说："宝贝，我们来玩一个游戏。我们两个蒙住眼睛，然后随便抓几个玩具，通过触摸它们，猜猜看摸的是什么玩具。好不好？"

宝宝笑着说："好，我经常玩这些玩具，肯定比妈妈猜得多。"

然后，妈妈把宝宝的眼睛蒙住，宝宝随手拿起一个玩具，一边摸一边说道："这个玩具有圆圆的脑袋、胖胖的身子，肚子上还有一些按键，我猜它是我的不倒翁娃娃音乐机。"

妈妈松开蒙着铛铛的手，鼓掌说道："宝宝，你看，你猜对了，你真棒！你对这些玩具的观察太仔细了，妈妈为你骄傲！"

宝宝开心地边笑边说："哈哈哈，现在该妈妈猜了。"

……

二、精细动作训练

精细动作就是凭着手和手指的小肌肉等精细部位完成的运动，像捏、抓、挠、握、撕、拍、鼓掌等动作都属于精细动作。这些精细动作的训练可以通过画画、剪纸、捡树叶、拧瓶盖等多种活动来完成。

三、观察水果

其实我们生活中最常见的物品，也是孩子最熟悉的，这些物品也可以作为工具提高孩子形象思维能力。当家长把一个苹果、一个香蕉、一个草莓摆在孩子面前时，可以让孩子自己认真地看一看、闻一闻、摸一摸每个水果。

情景演示

茶几上放着苹果、香蕉、葡萄等各种水果。妈妈坐在沙发上笑着说："悦悦，你快来看看这都有什么水果啊？"

悦悦："好呀，让我来看一看，有苹果、香蕉、葡萄、柚子……"

妈妈："看来你认识的水果越来越多了，不过你能更加详细地描述它们吗，比如从味道、颜色上来描述它们，当然你也可以亲自尝一下它们。"

悦悦听完，仔细看了看、闻了闻，然后又亲自尝了几种水果。完成之后，悦悦高兴地对妈妈说："苹果是红色的，闻起来很香；香蕉是黄色的，吃起来很甜；葡萄是紫色的，每一个葡萄里面都有几个籽儿。"

妈妈："真棒，那这个呢？"

悦悦："这个我不知道叫什么。"

妈妈："这个是百香果，喏，它打开之后是这样的，你来尝一尝它的味道。"

悦悦："呀，好酸呀，原来百香果是一种特别酸的水果。"

妈妈："对了，悦悦真棒。"

感知觉是孩子人生经验的基石，只有在早期体验足够丰富和深刻的感知觉，孩子的形象思维才会越来越好。另外，家长要善于抓住孩子的第一次，比如第一次吃某种水果、第一次去海边、第一次吃海鲜等，这样孩子才会爱上观察，进而积累更多事物的具体形象。

第六节　推理能力训练

推理能力比较强的孩子，对事物形象的感知会更加深刻。所以除了动手能力之外，家长可以利用一些难度较高的推理小游戏，锻炼孩子观察生活的能力。下面我们就来看两个与推理有关的小游戏。

一、小小侦探

任何事情之间都存在着一定的联系，每件事情也必定存在一定的逻辑。日常生活中，家长可以通过一些小故事或一些生活中真实发生的小事来考验孩子，让孩子以小小侦探的角色自己推理事情的经过，进而达到锻炼逻辑思维的效果。

1.故事排序游戏

家长可以从绘本或者网上找一些故事图片，然后打乱故事的顺序。接下来家长可以让孩子自由发挥，根据打乱的图像进行推理，给图片排序，找出故事的先后顺序。在这个过程中，孩子很有可能会排错，这时家长不要打断孩子或急于告诉孩子正确答案，可以通过孩子这样排序的原因来帮助孩子理清思绪。

孩子排好序之后，家长可以给予适当的鼓励。接着所有的家庭的成员都可以参与进来，根据排好的故事图片讲故事。最后，大家评一评，谁的故事最有意思，谁的故事最搞笑。

2.猜猜谁干的

生活本身就是一个训练场，处处都可以成为孩子的学习乐园。在日常生活中，家长可以把身边的小事当作一场训练，让孩子自主地分析事情、解决事情。比如让孩子猜猜是谁拿走了阳台上的花盆，是谁把脏袜子扔到了床上等，这些推理游戏都能锻炼孩子的逻辑思维。

情景演示

爸爸回到家中之后，发现地板上有一团奶渍，于是边走边说："哎呀，宝宝，赶紧出来看看，是谁把奶洒到地板上了呀？"

宝宝好奇地从卧室跑出来，看着爸爸说："哪里脏了，哪里脏了？让我这个小侦探来帮你查明真相。"

爸爸指了指地上，对孩子说："你看，就是这里，宝宝快看看，是谁干的。"

于是，宝宝蹲下来，对着地板左看看，右看看，仔细端详了好久，妈妈也好奇地走出来围观。

几分钟之后，宝宝从地板上拿起一根长头发，兴奋地说："我知道啦，我知道啦，是妈妈。刚才妈妈正在喝牛奶，然后我在书房不小心碰到了头，妈妈听到我叫，着急地拿着牛奶跑进书房看我，中途不小心把奶撒了，喏，这根头发也是妈妈慌乱时掉下来的，还有书房的桌子上还放着妈妈剩的牛奶呢！"

爸爸妈妈听完，对宝宝竖起了大拇指，高兴地对宝宝

说:"宝贝,你太棒了,真不愧是我家的小侦探啊!"

二、搭积木游戏

积木不仅可以让孩子有间接学习和模仿学习的机会,还可以锻炼孩子的视觉形象能力和推理能力。需要注意的是,搭积木时应该采用进阶玩法,这样更能有效刺激孩子的大脑。

第一阶段,家长可以让孩子自由拼装,把积木拼成自己喜欢的样子;第二阶段,可以尝试让孩子用拼好的积木讲故事,比如一只猴子开车的故事等;第三阶段,让孩子边讲故事边拼积木,比如讲到小鸭就拼一只小鸭,讲到鸭子要过桥就搭一座桥等。

三、找宝藏

父母可以为孩子准备一件神秘的礼物,这个礼物可以是孩子喜爱的玩具或者喜欢吃的糖果,总之只要是孩子感兴趣的东西就可以。然后,家长再准备一些卡片和一个装卡片的小包。

准备完毕,父母先将神秘宝贝藏起来。

接着,父母开始在空白卡片上写出宝贝的线索,具体的内容可以是纯文字,也可以将文字和图片结合到一起。比如在卡片上画一张餐桌,再写上"写字台"和拼音。写完所有的卡片后,父母分别把卡片放在指定位置上。

然后,父母把小包和第一张线索卡片给孩子,让孩子根据第一张卡片找到第二张,再根据第二张卡片找到第三张,依此类推,直到孩子找到神秘宝贝。

情景演示

一天，小宝在家和爸爸妈妈玩"找宝藏"的游戏。小宝背上爸爸给的小包，拿上妈妈给的第一张卡片后，开始了他的寻宝之旅。

首先，小宝根据第一张卡片上的"写字台"找到了第二张卡片。小宝打开卡片，看见卡片上写着"鞋柜"，于是兴奋地走到门口，在鞋柜里面找到了第三张卡片。第三张卡片上面写的是"梳妆台"，所以小宝又蹦蹦跳跳来到了梳妆台。

就这样，小宝走过了茶几、碗柜、阳台等地方，就在小宝筋疲力尽，想要放弃的时候，他终于在电视柜里面发现了爸爸和妈妈准备的神秘大礼——玩具枪。小宝开心地拿着玩具枪向爸爸妈妈炫耀，爸爸妈妈见此都夸小宝是个聪明的宝贝。

找宝藏的趣味性比较强，可以有效激发孩子的乐趣，进而达到锻炼孩子推理能力的目的。需要注意的是，家长应尽量把卡片和宝贝藏在孩子比较容易找到的地方，并且要保证房间里面没有让孩子磕碰的地方，确保孩子的安全。

四、拼图

父母可以为孩子准备一些比较简单的、容易操作的镶嵌式拼图，比如字母拼图。先让宝宝仔细观察拼图，然后让宝宝把拼图块取出来，再放到之前相应的洞里。刚开始，家长可以让孩子先玩一些形状块少、比较简单的拼图，时间长了，家长可以根据孩

子的年龄和熟练度慢慢增加拼图的难度。

拼图游戏不仅可以锻炼孩子的小肌肉,培养孩子的注意力,还可以锻炼孩子的推理能力和想象能力。

第四章 抽象思维
——提高孩子学习成绩的关键因素

第一节 为什么要发展抽象思维

说到抽象思维，很多人的第一印象就是密密麻麻的数学公式，或者是那些智力超群的科学家。总之，对于人们来说，抽象思维是极其深奥的东西。比如下面这两道题，大图中的右下方都缺了一块。如果让你在 30 秒之内从它们的选项中选出大图中缺失的那一块，你会怎样选择？

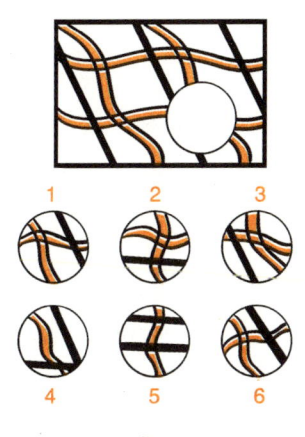

题一

题二

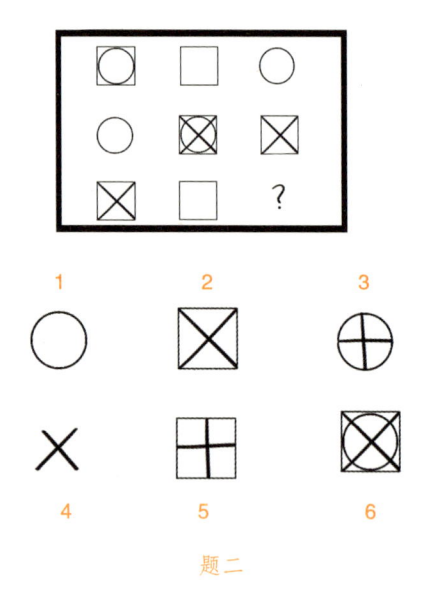

相信仔细去看,这两道题目还是有一定难度的。其实它们就是典型的推理题,属于抽象思维的范畴。

很多人看到这里可能就会有疑问,既然抽象思维如此晦涩难懂,为什么还要努力发展孩子的抽象思维呢?这一问题也就是本节要回答的问题。

首先,抽象思维能力是科学家非常重要的能力之一,牛顿、爱因斯坦、霍金等科学巨匠正是利用强大的抽象思维能力,实现了很多伟大的发明和研究。这些科学家之所以如此智慧,与抽象思维密不可分。

其次,抽象思维是孩子在学习和生活中非常重要的能力之一。国内研究者曾经做过这样一个研究。

研究者从三、四、五这三个年级中随机抽取了一些成绩不同的学生,然后分别观察他们的抽象思维能力。通过一段时间的观察，研究者发现这些学生的成绩和他们的抽象思维能力成正比，也就是抽象思维能力越高，学生的成绩越好。

此外，研究者还发现，抽象思维的发展与数学和语文这两门学科有着很大的关系。这一发现让很多家长匪夷所思，抽象思维影响数学成绩很好理解，可是为什么还能影响语文成绩呢？

这一问题就要从抽象思维的概念和发展说起了。在形象思维的章节中，我们已经知道3～6岁的孩子是用形象思维来思考和解决问题的，6岁以后的孩子是用抽象思维来思考和解决问题的，那么抽象思维与形象思维到底有什么区别？

其实这两者最大的区别就在于他们所使用的基本单元不同，形象思维的基本单元是"感性形象"，而抽象思维的基本单元是"概念"。为了便于大家理解，在此举一个简单的例子说明。

3岁的小明和6岁的小雪一起学"5"这个数字。小明在学习时，无法理解"5"到底是什么意思，只有老师在他面前依次放5个积木，他才能知道"5"的意思就是"5个积木"，也就是说小明只能通过具体的形象去理解数字。

而6岁的小雪已经有了一些抽象思维能力，她在学习"5"这个数字时，不用具体的事物来辅佐，她自己就能知道"5"可以是5个积木，也可以是5个苹果，还可以是5把扇子，总之它可以是任何事物的数目，也就是说小雪已经理解了数字"5"的概念。

通过上面的例子，我们不难看出，小雪在学习时运用了抽象思维。由此可知，与形象思维相比，抽象思维更加高级，其影响力也更加深远。这也是为什么抽象思维不仅会影响孩子数理化成绩，也会影响语文这些文科成绩的原因。

知道抽象思维的重要性之后，我们就需要来解决下一个问题：如何提高孩子的抽象思维？与其他能力一样，解开抽象思维问题的钥匙依旧在我们的大脑之中。

第二节　抽象思维的钥匙

在日常生活中，人们遇到问题时，通常是依靠抽象思维能力来处理和解决的，这也是人脑和动物大脑最大的区别。依据这一特性，心理学家发现，如下图所示，理科生和文科生在解决本专业的问题时，更多的是依靠自身的抽象思维。

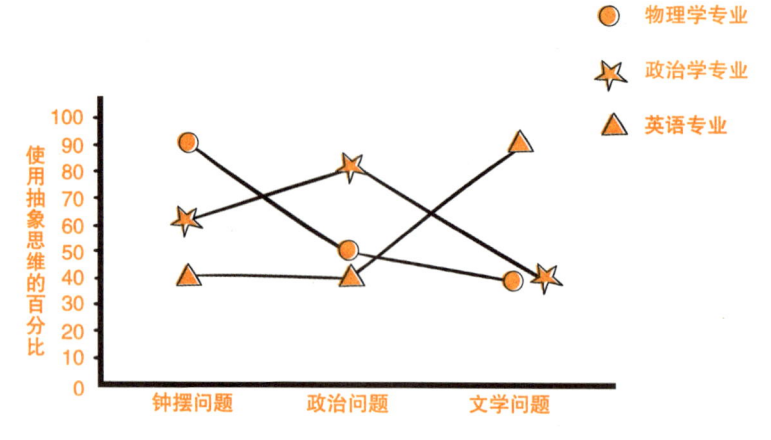

不同专业的学生在解决专业内和非专业内问题时使用抽象思维的比例

这一研究证明，将来孩子无论是学习，还是事业，只有拥有良好的抽象思维，才能在各自的领域内有较好的发展。既然抽象思维如此重要，那么我们到底该如何点亮大脑中的抽象思维脑区呢？

抽象思维和阅读能力一样，它们都受控于我们大脑的角回区域，也就是我们平时枕枕头的部位。在前面的章节中，我们已经知道角回是大脑的视觉性语言中枢，它负责处理符号的加工，所以被称为阅读中枢。说到这里，有人可能就会有疑问，阅读应该属于形象思维，为什么会和抽象思维混为一体呢？

这是因为阅读其实是运用语言文字来获取信息的一种抽象思维活动，当我们进行阅读活动时，我们大脑的角回区域会进行信息的转化，所以阅读能力和抽象思维同时受控于大脑的角回区域。

抽象思维和孩子的成长一样，其发展有一定的过程。孩子成长是由小变大的一个过程，而抽象思维的发展是一个从具体到抽象的过程。

在抽象思维发展的初期，孩子的思维活动离不开具体的事物。通常小学三年级以下的孩子在思考问题时，总会把一个概念和一个具体的事物联系到一起去理解，所以这个阶段的孩子很难掌握那些抽象化的概念。

情景演示

妈妈："宝贝，鸟是什么啊？"

孩子："鸟就是会飞的动物。"

妈妈："哦，那蜜蜂和蝴蝶都会飞，它们是不是鸟啊？"

孩子："当然是啦！"

妈妈:"那鸡和鸭呢?"

孩子:"小鸡和小鸭都飞不高,它们不是鸟。"

以上案例中,孩子把会飞的动物统一当作鸟类,把不会飞的动物统一排除在外的思维方式就是从具体事物中理解"鸟"这个概念,这个阶段就是孩子形成概念的第一个具体化阶段。

情景演示

妈妈:"宝贝,鸟是什么啊?"

孩子:"鸟是一种脊椎动物,它们通过下蛋来延续后代,并且大部分鸟类都会飞。"

妈妈:"哦,那小鸡和小鸭不会飞,所以它们是不是不是鸟类啊?"

孩子:"它们是鸟类,它们之所以不会飞是因为翅膀退化了,但是它们依靠下蛋繁衍后代的特性一直没有变。"

在上面的案例中,我们可以看到第二个情景里面的孩子已经真正理解了"鸟"这个概念,并且还能认识"鸟是依靠下蛋来繁衍后代的"这个本质。这就说明,随着孩子年龄的增长,孩子对"概念"的认识会慢慢脱离具体事物的局限,进而透过事物看到概念的本质。

在这个阶段中,我们就要开始加强孩子抽象思维的训练。值得注意的是,训练需要循序渐进,不能违背孩子思维的发展过程。在训练之前,家长应该首先判断孩子抽象思维的发展程度。

第三节　抽象思维弱的表现

很多小朋友都经历过用手指数数的学习方法，比如：你问一个上幼儿园的小孩子：5加4等于多少？这位小朋友听完问题，可能就会开始一根一根地数手指头：1，2，3，4，…，8，9。对于年龄较小的孩子来说，通过具体的事物去做算术题比较符合他们的思维发展特点。

不过，让很多家长感到烦恼的是，自家的孩子已经上了小学了，每次碰到计算题还要一根一根掰着手指算，离开了手指，孩子怎么都做不出来数学题。

其实孩子出现这样的问题，最主要的原因是其抽象思维能力没有建立起来，进而导致他的数感没有培养起来，计算能力差。数学是用数量关系反映客观世界的一门学科，它的逻辑性很强、很严密。如果孩子的抽象思维差，那么可想而知数学成绩也会受到很大的影响。

另外，抽象思维能力不仅是学好数学必须具备的能力，也是学好其他学科以及处理日常生活问题所必需的能力。电影《教父》中有这样一句话："花半秒钟就能看透事物本质的人和花一辈子都看不清的人，注定是截然不同的命运。"而抽象思维能力就是我们看透事物本质的能力。如果孩子的抽象思维发展不成熟，那么他们在日常生活中的麻烦会接踵而至。

具体来说，抽象思维能力弱的人，通常有以下表现：

一、逻辑混乱

抽象思维弱的孩子，说话经常会出现因果倒置、以偏概全、充分必要混淆、偷换概念等各种逻辑错误。

举个例子来说，有时我们会听到孩子说"狐狸既然这么聪明，那么为什么它自己不摘葡萄啊"或者"爸爸，你刚才不是说不饿吗，为什么还要吃饭"这种话。这些话乍一听没有什么问题，可是实际上存在着逻辑错误——偷换概念。

二、反应迟钝

抽象思维受大脑的角回区域控制，它与阅读能力所在的区域相同。如果孩子的抽象思维能力没有得到良好的发展，那么他的大脑反应就会变得迟钝，不能完整表达自己的全部意思，并且听不懂别人想表达的意思，理解能力比较弱。

我们常见或常听到孩子说话磕磕巴巴，前言不搭后语，一句话反反复复说好几遍，这些症状其实都是抽象思维能力弱的表现。

三、缺乏条理

抽象思维就是逻辑思维，我们的大脑依靠抽象思维来分析先做什么事情、然后做什么事情、最后做什么事情。可想而知，如果孩子的抽象思维发展比较缓慢，那么他们在做事情时就没有计划、缺乏条理。比如常常东一榔头西一棒子，说话颠三倒四，经常漏题或粗心等，这些都是缺乏条理的表现。

四、不能举一反三

很多家长都有这样的苦恼：每次学校讲的内容孩子都学会了，但是考试的时候一旦换一种题型，孩子就不会了。这其实就是孩子在学习时只学会了一道题，并没有学会一类题。

而出现这种情况的根本原因就是孩子的抽象思维能力差，他们在学习时只是知道了"是什么"，而不知道"为什么"，所以一旦换个环境或者换个说法，他们就理解不了。

抽象思维看起来是虚无缥缈的东西，但是却是支配孩子行为的原动力。如果把孩子的学习比作一本书，那么抽象思维就是这本书的序言和目录，它支配着孩子的学习方式，决定了孩子的生活到底该如何书写。因此，家长一定要重视孩子的抽象思维发展，及时地培养和训练，这样才能让孩子更加健康地成长。

第四节　抽象思维的发展程度

不同年龄的孩子抽象思维发展程度不同，其训练的方式方法也有所不同。因此，在对孩子进行抽象思维训练之前，家长有必要先了解一下孩子的抽象思维处于何种程度，进而有针对性地训练孩子。

在抽象思维中，判断能力和推理能力是两个具有代表性的

能力,所以家长可以从这两个能力入手,检测孩子的抽象思维能力。

一、判断能力

判断能力是指人在紧急或关键时刻能够快速、果断、准确地做出判断和决策的能力。判断能力是抽象思维能力发展的重要基础,同时判断能力的强弱直接决定着抽象思维能力的强弱。那么,孩子的判断能力到底如何来判定呢?我们一起来看一则案例。

有研究者分别在不同地区选取了4组年龄分别为5岁、7岁、9岁、11岁的孩子,然后让这些孩子阅读下面的两个故事后,判断一下哪个故事中的孩子更淘气。

故事1:小杰看书时,听到妈妈在叫他。于是,他去客厅找妈妈。路过餐厅的时候,小杰不小心碰到了放着托盘的一把椅子,托盘里面的15个杯子全部都打碎了,小杰吓得不知所措。

故事2:小文周末的时候,趁妈妈不在家,偷偷跑到厨房找冰激凌吃。可是,冰箱太高了,小文够不着。于是,小文爬到椅子上去拿冰激凌。谁知在拿的过程中,小文不小心打翻了一个杯子。

读完这两个故事后,孩子们纷纷说出自己的答案。研究者经过总结发现5岁左右的孩子基本认为小杰更淘气,而7岁、9岁和11岁的孩子大部分认为小文更淘气。

通过这个实验我们就可以发现，5岁的孩子之所以认为小杰更淘气，是因为他们几乎都是通过表面来认识事物的。在他们看来，小杰打碎了15个杯子，而小文只打碎了1个杯子，所以小杰更淘气。

而7岁、9岁、11岁孩子的思维发展已经比较成熟，他们已经可以考虑事物的本质，并以此来进行分析和判断。因此在实验中，他们能够看到小杰打碎杯子是无意的，而小文打碎杯子则是因为偷吃冰激凌导致的，所以小文更淘气。

实验中，不同年龄段的孩子思考问题的过程就是思维过渡的表现。日常生活中，家长可以利用一些类似的故事来测试孩子，以此来判断孩子抽象思维的发展水平。

二、推理能力

推理能力是指根据事物内在的逻辑关系，推理出符合逻辑关系结论的能力，其本质是发现事物中的新结论和新知识。推理能力分为直接推理和间接推理两个阶段，判断孩子的推理能力时可以依据这两个阶段分别作出结论。

举一个简单的例子，比如以下两个题目：西瓜比苹果大，那么苹果比西瓜大还是小；西瓜比苹果大，苹果比草莓大，那么哪种水果最大？

前者属于直接推理，后者属于间接推理。如果孩子能够回答出第一个问题，说明孩子已经掌握了简单的直接推理。如果孩子能够回答出第二个问题，则说明孩子已经逐渐掌握了较为困难的间接推理，这时我们就可以对孩子进行一些较为复杂的思维训练。

第五节　幼儿趣味训练

通常情况下,孩子的抽象思维从 6 岁开始才会逐渐发展。不过如果想要正确地刺激孩子大脑中的角回区域,为孩子以后的抽象思维能力打下基础,从 3 岁开始,家长就可以带领孩子做一些简单的幼儿趣味训练。接下来,我们就一起看几个比较简单的训练方法。

一、小饼干游戏

在白纸上画一个金鱼缸,然后在金鱼缸里面画几条金鱼。这时家长让孩子把自己的小饼干放进鱼缸里面喂小金鱼,接着让孩子数一数鱼缸里面有几只金鱼。数完之后,家长可以让孩子把多余的小饼干拿出来。

情景演示

妈妈:"宝贝,你看妈妈画的鱼缸里面有几只小金鱼,它们都饿了,你把你的饼干放进去喂喂它们好不好?"

童童:"当然可以。"

童童放进去了饼干,妈妈在一旁看着不打扰童童。

童童:"妈妈,我放好了。"

妈妈:"童童真棒。你现在可以帮妈妈数一数有几条小鱼吗?"

童童："让我数一数，1条、2条、3条、4条、5条。妈妈，一共有5条小鱼。"

妈妈："数得真快。不过每条小鱼只能吃一块饼干，你现在可以把多余的饼干帮小鱼拿出来吗？"

童童："那是不是小鱼只需要5块饼干呀？"

妈妈："对呀。"

于是童童数了5块饼干，然后把多余的饼干拿了出来。

妈妈："宝贝做得太棒了！"

二、找不同游戏

概念形成能力是最基本的思维活动，譬如给事物分类、归纳事物等活动都属于思维活动的范畴。在众多活动中，找不同游戏能够帮助孩子了解区别、分类等基本思维动作，进而加深对概念的理解，锻炼他们的概念形成能力。

找不同游戏的具体步骤如下：

第一步：家长准备一些图片，图片上的事物可以是动物、植物、交通工具等，每张图片上面含有一个与其他事物不同类的事物，比如一张图片上有3只大小不一的蜘蛛和1只小猫。

第二步：让孩子看着图片，从每张图片里面挑出一个和另外几个不一样的事物，比如把小猫从图片里面挑选出来。

第三步：让孩子说一说为什么把这个事物挑出来，比如因为其他3只都是蜘蛛，只有这个是小猫，所以要把小猫挑出来。

第四步：让孩子说一说另外几种事物有什么共同特征，比如这3只都是蜘蛛，它们都有很多脚，喜欢在墙上织网等。

情景演示

妈妈拿出一张图片放到宝宝面前，然后对宝宝说："乐乐，我们来玩一个找不同的游戏好不好？"

乐乐："好呀，好呀，要怎么玩？"

妈妈："你看这张图片上有好多东西，聪明的你能找出这些东西中哪一个和其他东西不同吗？"

乐乐："这还不简单，让我仔细看一看。"

妈妈在一旁陪乐乐一起看图片，并耐心等待。

乐乐："妈妈，我找到了，这只大象和其他东西都不同。"

妈妈："是吗？乐乐找得真快。那乐乐能告诉妈妈为什么大象和其他东西不同吗？"

乐乐："因为其他都是植物，只有大象是动物。"

妈妈："乐乐观察得好仔细，太棒了。那妈妈还有一个问题，这些植物有什么共同点吗？"

乐乐："这些植物都是种在土地里面的，它们不会走动，不会叫。"

妈妈："乐乐真聪明！"

在日常生活中，家长可以针对3～6岁的孩子，多做一些这样的简单训练游戏，一步一步深化孩子对概念的理解，从而提高孩子的概念形成能力。

三、空间方位游戏

准备一把椅子、一只玩具熊、一辆玩具卡车和一个纸箱子。如果家里没有玩具熊，可以用玩具狗、玩具兔子等其他动物玩具代替。家长扮演玩具熊，用讲故事的形式做出各种不同的动作，让孩子按照动作指示移动玩具熊。

情景演示

妈妈："哎呀，小熊累了，它想到椅子上面休息，宝贝你这样聪明，能帮帮小熊吗？"

宁宁："可以。"（把玩具熊放到椅子上）

妈妈："现在小熊已经休息好了，它想从椅子上跳下来，请你帮助它一下，谢谢。"

宁宁把玩具熊从椅子上拿下来。

妈妈："干得太棒了。但是现在前面来了一个猎人，小熊想躲在椅子后面，你该怎么办呢？"

宁宁："我来帮他。"（把玩具熊放到椅子后面）

妈妈："太好了，小熊成功脱离了危险，谢谢勇敢的宁宁解救了小熊。现在小熊心情非常好，它爬到卡车上，想去兜兜风，可以吗？"

宁宁："当然可以，看我的。"（把小熊放到卡车里面，然后让卡车围着椅子转一圈）

妈妈："真棒，小熊高兴极了。现在小熊的肚子饿了，它想在纸箱子里面找找有没有吃的，你能帮小熊数数纸箱有几个角吗？"

宁宁："1、2、3、4，一共有4个角。"

妈妈："那小熊的食物藏在哪个角呢？"

宁宁："让我看看，在这里！"

妈妈："太好了，小熊终于可以吃东西了，谢谢你，乐于助人的小天使。"

宁宁："不客气。"

空间方位游戏可以让孩子在游戏的过程中正确判断不同的空间方位，掌握相应的词汇，进而在日常生活中正确运用不同的空间方位词汇。

第六节　儿童思维训练游戏

6岁以上的孩子已经具备了一定的抽象思维能力，在训练时家长应该挑选一些逻辑性比较强，有一定困难的游戏，这样孩子解决问题的能力和推理能力才会逐渐有所提高。同样，下面给大家介绍几个适合6岁以上儿童的趣味游戏。

一、数字字母转换游戏

首先，准备几张白纸，在上面写下一组数字和字母，譬如1和A，2和B，3和C，让孩子仔细观察这几组数字和字母。

然后，分别写几张只有数字和字母的卡片。给孩子看几张只有数字的卡片，问他数字所对应的字母是什么，譬如 1 对应的字母是什么；给孩子看几张只有字母的卡片，问他该字母对应的数字是什么，譬如 B 对应数字几。

如果孩子已经掌握了数字和字母之间的关系，家长可以将游戏升级，重新打乱之前的数字和字母对应关系，在新的卡片上写下新的对应关系。比如：1 对应 X，2 对应 Y，3 对应 Z 等。下一步接着让孩子看只有数字或者字母的卡片，让孩子说出对应的字母或数字。

这种数字字母转换游戏可以在不断地打破旧模式和建立新模式中提高孩子解决问题的能力，训练孩子的思维能力。

二、数学应用题

上小学的孩子已经接触了数学，这时家长可以给孩子买一些趣味数学应用题。具体的数学题练习可以参考以下两个例子：

例 1：水果篮里面有 5 个苹果和 6 个香蕉，妈妈拿出来 3 个香蕉，现在水果篮里面还有几个苹果？

例 2：有一口 8 米深的井，一只蜗牛不小心掉进了井里。于是蜗牛开始努力地往上爬，白天的时候蜗牛能爬 3 米，可是晚上的时候蜗牛又会滑下去 2 米。聪明的小朋友，请你猜一猜，蜗牛需要几天才能从井里爬出来呢？

数学应用题可以有效帮助孩子提高策略能力，同时还能培养孩子形成简单的预测能力和估计后果的能力。尤其是一些比较灵

活的数学应用题，可以培养孩子思维的灵活性，让孩子在遇到事情时可以灵活应对。

三、推理小游戏

10岁左右的孩子已经有了一定的推理能力，这时家长可以购买一些相关的推理游戏书。推理游戏书可以选择简单、困难不同的阶段的，简单的推理游戏一般给出的条件之间具有可传递的关系。下面我们就针对不同阶段的推理游戏分别举一个例子。

简单版推理游戏：张叔叔比李阿姨大，高叔叔比李阿姨小，那么三者之中谁最小？

困难版推理游戏：爸爸买了3个皮球，两个黄的，一个紫的。哥哥和妹妹都想要皮球，爸爸让他们两个背对背坐着，然后给了哥哥一个黄色的，给了妹妹一个紫色的，剩下的一个球藏在自己背后。爸爸让他们猜他手里的球是什么颜色的，谁猜对了，就把剩下的皮球给谁。请你猜猜看，爸爸手里的球是什么颜色的？哥哥和妹妹谁一定能猜对呢？

四、创想游戏

用硬卡纸剪一些不同的形状，比如圆形、长方形、三角形、正方形、平行四边形等。家长和孩子猜拳，决定游戏的先后顺序，然后依次用拿出的几种卡纸形状作为道具，想象出一种东西，并且演示出来。

比如拿出一个圆形和一个长方形，将它们比作爸爸的砚台和毛笔，或者比作妈妈平时做的大饼和油条等。

三个人依次解说和演示，每次间隔时间不能超过 5 秒，也不能重复已经讲过的东西，否则就要接受小小的惩罚。如果作为孩子的想象力游戏，可以适当延长间隔时间。

这个游戏的最终目的是培养孩子的抽象思维，所以在游戏的过程中家长要适时地暗示、提醒、启发孩子，让孩子尝到成功的喜悦，增强孩子的自信心。

五、先后游戏

选择一些时间词汇，比如首先、然后、最后等。在双休日或者工作日晚上的时候，家长与孩子谈论当天或者第二天需要做的事情，在过程中让孩子辨别先后顺序。

具体步骤如下：

先提问一些比较搞笑的问题，比如起床后，是先穿鞋子还是先穿袜子，是先刷牙还是先挤牙膏，是否可以先带帽子再梳头等。

孩子在回答时，家长帮助孩子思考每个动作的顺序，让孩子仔细观察每一步的先后顺序。例如洗袜子的时候，首先要把袜子浸湿，然后涂上肥皂，接着开始揉搓，搓完了漂洗，最后拧干、晾晒。

通过这个游戏，孩子能够慢慢理解"马上""然后""不久"等时间词汇，逐渐提高逻辑能力。在以后的日常生活中，孩子说话、做事会逐渐变得越来越有条理，分析问题、解决问题的能力也会得到一定的提高。

第三部分
学习能力

第五章 感知力
——让孩子拥有敏锐的观察力

第一节 什么是观察力

在著名的《福尔摩斯探案集》中,有这样一个场景:

福尔摩斯:"据我的观察,你又开业给人看病了吧?"

华生:"我已经换了衣服,真想象不出你是怎样推断出来的。"

福尔摩斯:"我的眼睛告诉我,在你左脚那只鞋的里侧,也就是炉火刚好照到的地方,其面上有六道几乎平行的裂痕。很明显,这些裂痕是由于有人为了去掉沾在鞋跟的泥疙瘩,粗心大意地顺着鞋跟刮泥时造成的。因此,你瞧,我就得出这样的双重推断,认为你曾经在恶劣的天气中出去过,以及你穿的皮靴上出现的特别难看的裂痕是伦敦年轻而没有经验的女佣人干的。至于你开业行医嘛,那是因为如果一位先生走进我的屋子,身上带着碘的气味,他的右手食指上有硝酸银的黑色斑点,他的大礼帽右侧面鼓起一块,表明他曾藏过他的听诊器,我要不说他是医药界的一位积极分子,那我就真够愚蠢的了。"

福尔摩斯与华生见面的第一刻，就根据华生的气质、穿着打扮和形态特征等细节推断出，华生又开始重操医生这个旧业。相信看过《福尔摩斯探案集》这个片段的家长，肯定会被福尔摩斯这种洞若观火的观察力所折服。

观察力是福尔摩斯的神奇法宝，帮助福尔摩斯破获了无数的案件。实际上，观察力不仅对福尔摩斯这种侦探特别重要，对孩子的学习也有着举足轻重的地位。

如果把孩子的学习比作探案，那么要想让最后的真相浮出水面，首先就需要观察到案情的所有细节，而搜集细节必不可少的工具就是观察力。换句话说，观察力是学习必备的能力，一切学习都需要敏锐的观察力作为基础。

观察力是指大脑对事物的观察能力，孩子观察事物时，通过事物的声音、气味、温度等，会对事物有一个新的认识，它是人类与生俱来的一种能力，在出生的时候，幼儿就开始凭借观察力来认识这个世界。随着年龄不断增长，他们的观察能力也会逐渐提高。

有关专家经过研究发现，孩子的观察力发展主要分为四个阶段：3岁为第一个阶段，这个阶段的孩子不能接受所给予的观察任务，观察活动通常为随意性的动作；4～5岁为第二阶段，这个阶段的孩子可以接受任务，并主观进行观察，但是观察得比较浅显且短暂；5～6岁为第三阶段，这个阶段的孩子观察事物时，可以坚持一段时间；6岁以后的孩子处于第四阶段，他们能够坚持长时间反复观察。

在孩子成长的过程中，家长如果没有及时培养孩子的观察能力，孩子的学习也会受到影响。比如：有些孩子学习时总是注意力不集中，一会儿看看窗外的大树，一会儿摆弄自己的学习用具等。

那么，要如何提高孩子的观察能力呢？现在我们就来一起去探索一下吧！

第二节　大脑里面的感知觉

根据脑科学专家的研究，观察力包括两个因素，一是感知因素，二是思维因素，这两个因素缺一不可。在第二部分中，我们已经着重讲述了形象思维和抽象思维这两种思维能力，这一章我们就重点来看看观察力的另一个基础要素，怎样培养孩子的感知觉能力。

在讲述方法之前，我们先来了解一下什么是感知觉。简单来说，感知觉就是感觉和知觉的融合。

其中感觉就是我们的眼睛、耳朵、鼻子、皮肤等感官在收到物理刺激时发生的反应，也就是我们用手摸、用眼睛看、用耳朵听这些动作；知觉就是对感官和大脑发生的刺激进行分析、整合、分类以及解释的过程，简单来说就是我们看到、听到、摸到某个事物后，大脑给出的结果，比如当我们看到一个红色的果子时，大脑会得出"这是一个苹果"的结论。

在人类具体的活动中，感觉和知觉通常是一个浑然一体的行为。比如当孩子看到桌子上有一个香蕉，然后剥开香蕉咬了一口发现很甜，这些视觉和触觉上的行为和大脑发出的"这是一个香蕉"信号，它们是同时进行的。

根据相关专家的研究，人们发现在听觉、视觉、触觉、嗅觉等所有感觉之中，对我们最为重要的就是听觉和视觉。

视觉是我们获取信息的重要方式，我们日常生活中80%以上的外界信息都是依靠视觉获得的；听觉不仅能够辨别方向，而且人类语言也是在听觉的基础上产生的。

我们平时经常听到别人夸赞智力超群的人聪明，其实就是基于听觉和视觉的重要性而衍生的词汇。因为聪明就是耳聪目明，他们的眼睛和耳朵肯定也会非常厉害，所以人们经常用"聪明"夸赞他们。

家长想要让自己孩子感知觉能力变强，进而变得耳聪目明，拥有敏锐的观察力，首先要做的就是找到大脑里面负责管理感知觉的区域，然后激活该区域。

感知觉和其他能力一样，在大脑中有指定的区域。不过感知觉包括视觉、听觉、触觉等多种感觉，所以它在大脑中的位置比较分散。

各个感觉在大脑中的具体位置如下图所示。听觉区域在颞上回后部的"威尼克区"；视觉和知觉的初级加工区域在大脑的枕叶部分，也就是我们枕枕头的部位；触觉区域在大脑顶叶部分，也就是我们俗话说的脑袋尖儿。

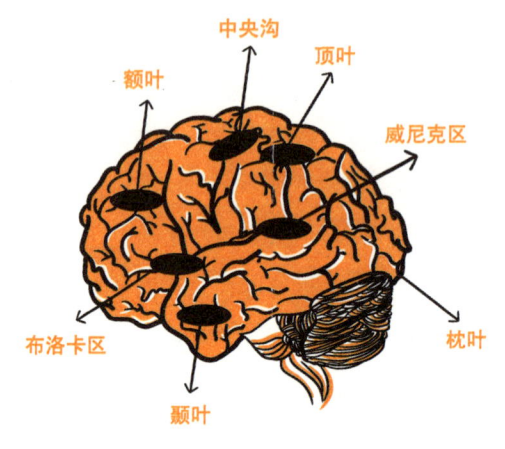

(脑部图示：额叶、中央沟、顶叶、威尼克区、枕叶、颞叶、布洛卡区)

感知觉能力和口语能力差不多，它们都需要足够的环境刺激才能得到充足的发展。也就是说，要想让孩子拥有敏锐的观察力，家长需要不断地刺激孩子大脑中的感知觉各个区域。但不同的孩子，他们的感知觉能力发展程度有所不同，所以在训练孩子的感知觉能力之前，家长应该先了解一下孩子的知觉发展水平。

下一节我们就着重看一下如何判断孩子知觉发展的水平。

第三节　如何判断孩子的知觉发展水平

知觉大致上可以分为三个知觉，一是形状知觉，二是大小知觉，三是方向知觉。家长在判断时，可以分别从这三个方面入手。

一、判断形状知觉水平

2～6岁是孩子发展形状知觉的重要阶段，在这个阶段，家长可以从孩子对图形的认知能力、分解与组合能力、知觉辨认能力这三种能力分别判断孩子的形状知觉水平。

1.认知能力

相关研究表明，不同年龄段的孩子对形状的认知不同。通常3岁左右的孩子可以认出圆形、正方形、三角形等简单图形；4岁的孩子能认出椭圆形、长方形、菱形和梯形；5～6岁的孩子能认出正五边形、正六边形、平行四边形等几何图形，以及立方体、正方体、球体等立体图形。针对不同年龄的孩子，家长可以使用一些不同的平面图，帮助孩子认识几何图形和立体图形。

2.分解和组合能力

不同年龄的孩子对图形的分解与组合能力有所不同。3岁左右的孩子可以将1个正方形变成2个三角形；4～5岁的孩子可以将一个梯形分成1个长方形和1个或2个三角形；6岁的孩子能够将身边的事物分解成基本的几何图形，比如把公交车分解成4个圆形和1个长方形。家长在判断孩子的分解和组合能力时，可以把身边的事物当作模型，带领孩子分析事物中的形状。

3.知觉辨认能力

随着年龄的增长，孩子对复杂图形的知觉辨认能力也会不断提高。3岁左右的孩子只能认识一部分复杂图形，6岁的孩子能够基本认识所有的三角形、矩形和圆形。

总体而言，辨认图形是 2～6 岁孩子学习几何数学的基础，家长在这个阶段要多培养孩子对各种形状的认知和操作能力。

二、判断大小知觉水平

大小知觉需要一定的经验积累，孩子只有在看到很多东西之后，才能慢慢地辨认物体的大小。通常 2～3 岁的孩子只能辨认一些平面图形的大小，比如他们能够分辨出图片中的两个苹果哪个大哪个小。3～5 岁时，孩子就能辨认出立体物体的大小，比如知道两个玩具哪个大哪个小。

三、判断方位知觉水平

方位知觉与阅读有着紧密的联系，很多拥有阅读障碍症的孩子，之所以分不清楚"bdpq"这些字母，就是因为左右不分。因此，方位知觉的发展对阅读的影响很大。

通常 2～3 岁的孩子能够辨别上下方位；3～4 岁的孩子能够辨别前后方位；5 岁左右的孩子基本能够以自身为中心，辨别出左右方位；6 岁以后，孩子的方位知觉发展基本成熟，可以完全正确地辨别上、下、前、后四个方位，但在左右方位的辨别上还有些困难。所以在训练孩子的方位知觉时，家长最好及早训练孩子的左右辨别能力。

第四节　读图识物法

读图识物是孩子认识事物最直观的方法之一，1～4岁的孩子都可以通过读图识物的方法来训练观察力。

一、图画、简笔画、影图识物

针对不同年龄的孩子，读图识物可以分为图画、简笔画、影图三个阶段。

图画识物是指利用实物图画教孩子识物，通过图画孩子直观地认识各种事物，不过图画比较适用于幼儿识物。对于2岁以上的孩子来说，图画识物太过于简单。

简笔画识物是指通过线条，将事物的基本特征勾勒出来，然后让孩子通过这些基本特征辨识物体。与图画识物相比，简笔画更能锻炼孩子的感知觉能力。需要注意的是，如果孩子一时难以通过简笔画识物，家长可以给孩子介绍物体的基本特征，并将实物和简笔画放在一起，帮助孩子在大脑中建立联系。

影图识物是指只把物体的轮廓勾勒出来，然后让孩子通过轮廓识别具体的物体。影图识物的难度比简笔画识物还要高，孩子在识别时会显得更加吃力，不过影图识物的效果比前两者都要好，它能有效地促进孩子对物体特征的认识。

情景演示

妈妈:"茜茜,我们来玩一个看影子猜工具的游戏吧。"

茜茜:"好呀,要怎么玩呀?"

妈妈:"别急,你看,这张图上有好多工具的轮廓,你能凭借这些轮廓猜出工具的名称吗?"妈妈拿出一张图片。

茜茜:"让我仔细看一看。"

茜茜左右观看图片,妈妈在一旁陪同。

茜茜:"妈妈,我只能看出来几个。"

妈妈:"没关系,你先说说看,你猜出来哪些啦?"

茜茜:"第一个是吹风机,第二个是牙刷,第四个是剪刀。"

妈妈:"茜茜真棒,猜出来这么多。"

茜茜:"妈妈,剩下的两个是什么呀?"

妈妈微笑着拿出来一个三角板和一张铁锹的图片,对茜茜说:"你看,剩下的两个和妈妈手中拿的像不像?"

茜茜:"像,我知道了,剩下的一个是三角板,一个是铁锹。"

妈妈:"答对了,宝贝太聪明了。"

二、不同角度识物

现实生活中的事物大部分都是立体的,在不同的角度,不同的光源下,我们大脑对这些事物的影像往往有很大的差别。我们之所以能够轻松地在不同环境下辨认出事物，是因为大脑具有知觉的恒常性。

家长若想锻炼孩子的知觉恒常性，可以找一些玩具或其他事物，让孩子从不同的角度观察，或者找一些不同角度的事物图片，让孩子观察和辨别。

三、识别物体轮廓

2～5岁的孩子是形状知觉发展的关键期，这时候他们已经能开始识别各种各样的图案和形状。在这个阶段，家长可以选取一些轮廓比较明显和不明显的图片，然后让孩子观察图片里面的形状以及每张图之间的区别。识别物体轮廓的训练，可以发展孩子识别和操作各种形状的能力。

四、识别数字

3～5岁的孩子对数字有了一定的感知能力，这时家长可以在家里准备一些数字卡片，平时多带领孩子识记数字。识记的过程中，家长可以根据孩子的熟练程度灵活增加数字的难度，比如从个位数变成十位数，再变成百位数等。

等到孩子具备一定的识记基础后，家长还可以让孩子识记爸爸和妈妈的电话号码。尤其对于已经上幼儿园的孩子来说，电话号码是很重要的信息。当孩子能够熟练记住爸爸和妈妈的电话号码后，在发生迷路、受伤等意外事件时，可以第一时间通过旁边人联系到自己的爸爸、妈妈。

识记电话号码时，可以依靠数字卡片帮助孩子记忆。除此之外，家长还可以利用玩具电话，让孩子自己反复拨号，进而慢慢加深印象。总之，尽量让孩子边玩边记，这样效果会更好。切记不要把识记电话号码当作一个学习任务来完成，这样会打消孩子的积极性。

五、联想画

准备一些不同形状、不同颜色的图片或卡片，比如长方形、正方形、三角形等。让孩子利用这些形状和颜色自己联想，将几种形状想象成一种具体的东西，比如一个绿色的三角形和一个紫色的长方形可以组成一座美丽的房子，一个黄色的长方形和两个粉色的圆形可以组成一辆漂亮的车子等。

如果孩子不理解游戏规则，家长可以给孩子提示或者做示范。但是，在游戏过程候中，家长不要过多限制孩子，应当让他们自由想象。

第五节 感知力训练小游戏

知觉发展中最重要的一个内容就是分辨力，分辨力对孩子观察力的提升帮助非常大。为了能够提高孩子的分辨力，家长平时可以带领孩子做一些观察力小游戏。这种游戏除了能提高孩子的关注能力，对以后孩子的学习也会打下很好的基础。

一、找相同小游戏

找相同游戏是前面章节中找不同游戏的升级版，它比较适合 3～5 岁的孩子。找相同游戏是在众多干扰选项中准确寻找出两个相同的元素，比如在几束鲜花图片中，找到和例图一模一样的鲜花。

具体的游戏步骤如下：选取一些适合孩子分辨的图片，让孩子观察，然后找出和例图相同的图片，尝试让孩子说一说几幅图片之间的区别。

情景演示

爸爸："贝贝，爸爸来考考你怎么样？"

贝贝："好呀，来吧。"

爸爸："你仔细看看在这幅图中，图1、图2、图3和图4这

4座房子，哪一座和例图中的房子一模一样呀？"

贝贝："让我看一看。"

贝贝："我知道了，图4的房子和例图中的房子一样。"

爸爸："答对了，贝贝真聪明。那你能告诉我，图1、图2和图3这3幅图片和例图有什么区别吗？"

贝贝："图1的房子没有窗户，例图上有窗户；图2的屋顶和例图不同；图3的窗户有两个，而例图中的窗户只有一个。"

爸爸："贝贝观察得真仔细，太棒了！"

找相同游戏和找不同游戏都属于细节分辨游戏，家长在设置这些游戏时应当根据孩子的进度，慢慢地增加游戏的难度。难度不能太简单，以免让孩子感到太无聊，也不能太难，让孩子失去信心。

二、辨左右游戏

左右方位辨识对孩子大脑功能发育有着非常重要的作用，同时左右辨识还会影响人们的许多高级心理活动。及早训练孩子左右辨识机能，就能很大程度上提高孩子的观察能力，并且有效避免孩子出现阅读障碍症等问题。

在孩子4~7岁时，家长就可以带领孩子做一些辨左右的小游戏。

游戏步骤如下：第一步，找一些左右差异很大的图片；第二步，让孩子辨认每个图片的左右方向；第三步，让孩子用手或脚模仿图片上的一些动作。如下图所示。

第三部分　学习能力

三、生活小情境

"实践是检验真理的唯一标准",在锻炼孩子观察力时,最有效的办法就是把训练融入生活中,用大量、丰富的环境刺激孩子的大脑。比如多带孩子去植物园、动物园、海洋馆等场所,让孩子多感受不一样的生活环境。

在观察环境、人物时,家长要多和孩子互动,引导孩子多观察身边的事物,并尽可能地用语言去描述自己的所见所闻。比如周围有多少人,他们穿着什么样的衣服,他们在干什么,或者动物园里有什么动物,哪种动物多,哪种动物少,它们分别在干什么等。

如果孩子在描述方面有困难,家长可以引导孩子按照一定的顺序和角度来描述。例如左边有一只猴子,它在高兴地叫,右边有一只红雀,它有五颜六色的羽毛等。

四、听歌曲做动作

研究发现,听觉能力较差会影响学习能力,出现注意力难以集中、经常走神等症状。因此,家长应当尽早培养孩子的听觉感知力。

幼儿早期,家长可以给孩子播放不同的音频,比如乐器的声音、大自然的声音、不同国家的语言等。

孩子年龄稍微大一点之后,家长可以多给孩子播放一些少儿歌曲,歌词中最好带有描绘动作的词语,这样孩子就能一边听一边完成动作。

情景演示

妈妈:"宝贝,我们来做动作吧。"

婷婷:"好呀,要做什么动作呢?"

妈妈:"妈妈来放《健康歌》,我们根据歌曲里面的动作来做,看谁做得又快又好。"

婷婷:"那赶紧开始吧。"

妈妈打开音乐,手机里出现歌声"抖抖手、抖抖脚、勤做深呼吸……"妈妈和宝宝一起抖手、抖脚。

婷婷:"妈妈,深呼吸怎么做啊?"

妈妈:"跟着我来做。首先深深地吸一口气,然后深深地呼一口气。"

婷婷按照妈妈的指示,慢慢吸气、呼气。

婷婷:"妈妈,我会做了,好舒服啊。"

妈妈:"婷婷真棒。"

听歌曲做动作可以让孩子第一时间把听到的内容用行动表达出来,从而有效地锻炼孩子的听觉感知能力。在做的过程中,如果孩子在一些动作上有困难,家长可以适时指导或给孩子做示范。

五、分类游戏

休斯敦贝勒医学院研究发现,缺乏触感经验的孩子脑容量比正常孩子少 20% ~ 30%,美国的埃尔斯博士在相关研究报告中也曾指出，超过 5% 孩子因为感官经验处理能力上的问题造成不同程度的学习障碍。

针对这种情况，家长要注意锻炼孩子的触觉感知能力。比如家长可以把大量不同材质的玩具混在一起，然后让宝宝把同样类型的工具放在不同的盒子里，完成分门别类。如果家里没有那么多的玩具，家长还可以用餐具、衣服等物品来代替。

孩子在做分类游戏的过程中，可以通过触摸和观察感知不同的物体，并了解物体的不同之处，久而久之，孩子的大脑就会变得更加活跃。

延伸拓展

感知力弱的危害

感知力弱将会不同程度地削弱孩子的认知能力和适应能力，致使孩子的生理发育和心理发育都到受到严重的影响，并且对孩子的性格养成和身体体能素质造成不可挽回的后果。接下来，我们就从视觉、听觉、触觉、本体觉、前庭觉五个方面为大家分析一下感知力弱的危害。

一、视觉

如果孩子的感知力没有得到良好的发展，那么在视觉上孩子可能会出现以下表现：不喜欢看书和阅读；阅读时经常跳行、增字、删字、颠倒顺序等；写字时忽大忽小，偏旁部首经常弄错；粗心大意，做数学题时经常忘记进、退位；翻书时页码不对等。

这些表现都是孩子视觉失调造成的学习障碍，长久下去，孩子的学习成绩肯定会受到影响。当孩子心理上产生落差时，就会因此产生自卑感。如果这种情况没有被重视，孩子还有可能会出现自闭等症状。由此可见，感知力弱对孩子的影响极大。

二、听觉

听觉指的是孩子在听力方面的感觉，它与感知力的强弱息息相关。感知力变弱后，孩子的听觉也会受到一定的影响，进而产生以下几种症状。

上课时特别好动，静不下来，注意力无法集中；不喜欢和别人交流；丢三落四，记忆力差，通常老师布置的作业或任务转头就忘；别人讲话时总喜欢左顾右盼，听不进去别人说的内容；听到别人叫自己的名字时没有反应，认为别人的话与自己无关等。

在学校学习时，课堂的40分钟时间，听觉失调的孩子很难在一节课中学到东西，这样必然会影响孩子的课堂学习效率。不仅如此，时间长了，孩子还有可能会在心理上怀疑自己的能力，甚至逐渐开始厌学逃学。

三、触觉

人类之所以拥有广泛细腻的学习能力，是因为我们的触觉有着多元化和复杂化的特点。与动物相比，人类皮薄毛少，对触觉刺激的分辨能力非常多元化，所以触觉是人类大脑特有的分辨、分析组织的基础。无论是触觉过于敏感还是迟钝，都会对人产生一定的影响。

首先，如果孩子触觉过于敏感，那么他们对外界的新刺激适应性就会变弱。具体表现为粘人、害怕陌生环境和陌生人，排斥新的学习；不喜欢拥挤，不喜欢他人触摸，不喜欢被人拥抱，缺乏自信；情绪控制能力差，情商低；经常做很多令人无法理解的行为，比如爱哭，咬手指等。

其次，如果孩子触觉反应迟钝，那么他们的大脑分辨能力会比较差，进而在发音和小肌肉运动方面有很多不足，比如反应慢，动作不灵活等。另外，他们缺乏自我意识，无法保护自己，学习能力也比较弱。

总而言之，触觉失调的孩子由于心理总处于紊乱状态，其情绪发育和人格发展会受到很大的影响，这样下去，孩子的学习和生活质量也会不断下降。

四、本体觉

本体觉是指方向感和肢体动作。本体觉失调的孩子，通常在日常生活中有以下表现：方向感差，容易迷路和走失，闭上眼睛时容易摔倒；站姿和坐相不佳，近视，怕黑，容易驼背；动作协调能力差，不能正常进行滚翻、骑车、跳绳等运动；精细动作欠缺，比如不会系鞋带、用筷子等；手脚笨拙，动手能力差等。

本体觉失调的孩子总是顾忌身体如何行动，运动时常常手脚不灵活，因此心情总是十分紧张、焦虑，害怕自己出错，害怕被人嘲笑等。长期下去，孩子就会产生自卑心理，不愿外出或上学。

五、前庭觉

前庭觉失调的孩子好动不安，注意力不集中，小动作不断，甚至还可能出现语言发展迟缓，说话慢，逻辑思维混乱等现象。另外，前庭觉差的孩子平衡感也比较弱，在学习和生活中，他们常常观测不准距离，协调能力差等。

以上就是孩子感知力差的危害，家长可以依此对照一下自己的孩子，他们在日常生活中是否出现过这样的现象。如果孩子在感知力方面出现了问题，家长也不要怕，关键是要准确判断孩子感知力的发展程度，找准孩子感知力弱的原因，然后有效地帮助孩子进行训练矫正，让孩子健康成长。

第六章 表象力
——打通孩子学习的"任督二脉"

第一节 学习的超能力

情景案例一：

小明和小蒙一起做数学题，题目的内容为一支钢笔的价格是一支铅笔的4倍，铅笔比钢笔少3块钱，那么钢笔多少钱？铅笔多少钱？

小明看完题目后，拿着笔在草稿纸上开始列各种各样的方程，结果越列越乱，自己都不知道哪个方程是对的。而小蒙看了一眼题，静静地思考了几秒钟之后，迅速地在本子上写下答案，钢笔的价格是4元，铅笔的价格是1元。

小明看到小蒙的答案，惊讶地对小蒙说："你怎么算这么快呀，我的方程还没列出来呢，你是不是拥有超能力啊？"

情景案例二：

天天妈妈带着天天去邻居笑笑家玩，走进家门后，天天妈妈看到笑笑正在看唐诗300首。笑笑妈妈微笑着对笑笑说："笑笑，你看到哪首诗了，给我们背背好不好？"

笑笑："我看到《锄禾》这首啦。锄禾日当午，汗滴禾下土。谁知盘中餐，粒粒皆辛苦。"

天天妈妈见此惊讶不已，她对笑笑妈妈说："你家孩子太聪明了呀，看几遍就能背诵了，你平时都是怎么教的她。你都不知道我家天天，怎么教都不会，看书的时候总是丢三落四的，刚刚看的内容转头就忘了，真是愁死了。"

说完，天天妈妈无奈地看了天天一眼，天天低着头站在一旁不说话。

在孩子学习中，很多家长都会遇到案例中这样的问题。为什么别人家的孩子做作业可以写得又快又好，而自家的孩子教了千万遍，还是呆呆的什么都不会，有时会怀疑是不是自己家孩子的智商有问题，甚至考虑要不要带孩子去看医生。

孩子做题能力差、看书慢，这真的是孩子的智力问题吗？其实不然，在情景案例中，年龄相同的孩子在面对一样的事情时之所以产生了截然不同的反应，是因为他们在大脑机能上有明显的差异，这种机能就是我们这节所要讲的表象力。

表象就是人在大脑中通过形象来想象和思考的方法，而表象力就是我们在感知到外界各种信息之后，我们大脑的一种神奇处理信息的功能。表象是一种重要的形象思维，它不依托于外在事物，往往突破我们大脑的限制。

表象力就像是一种超能力，它的强弱不仅对孩子的学习有很大的影响，而且对生活也有一定的影响。表象力强的孩子，比如案例中的小蒙和笑笑，就像是武侠小说里写的打通了"任督二脉"

一样，在学习和生活方面都表现得十分出色。反观小明和天天就像是被封住了"任督二脉"一样，在这些方面就会稍弱一些。

这样看来，要想孩子和别人家的孩子一样拥有超能力，最关键的是如何打通孩子大脑中的"任督二脉"。在探索提高表象力的方法之前，我们首先需要了解表象力在大脑中的区域以及孩子表象能力的发展程度。

下面我们先针对大脑中的特定表象力区域进行研究，了解一下大脑里面的表象力到底是什么样子的。

第二节　大脑中的表象力

表象包括视觉表象、听觉表象、触觉表象、意念表象、身体表象等各种表象。其中，视觉、听觉、触觉这几个表象我们已经非常熟悉。这里我们重点了解意念表象和身体表象。

意念表象是我们脑海中想象的形象，它没有实际存在的物体；身体表象就是我们脑海中呈现的与身体有关的形象，比如亮亮的爸爸实际不高，但是在他脑海里爸爸就是一个高高的大英雄，那么这个高高的大英雄就是爸爸身体在亮亮脑海中的表象。

由于表象包括以上很多不同的表象，所以它在人们大脑中的分布也比较复杂，其所占的脑区也比较多。如下图所示，表象在大脑的区域非常繁杂；其中意念表象和身体表象形成的脑区在人脑的前额叶和顶叶，视觉表象形成的脑区在人脑的枕叶和颞叶。

第三部分 学习能力

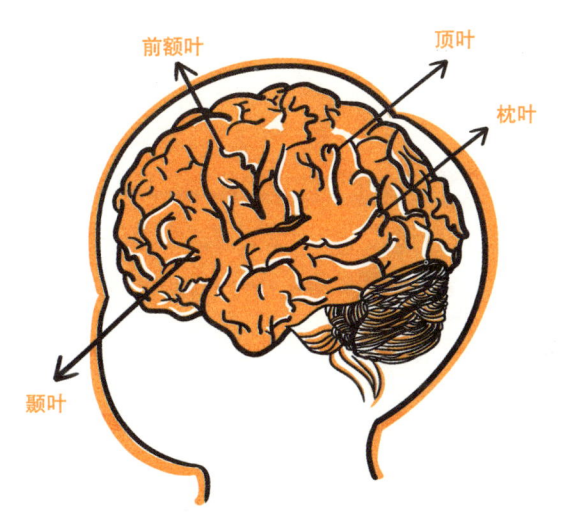

前额叶　顶叶　枕叶　颞叶

当我们思考问题或者活动时，大脑中的各个表象会同时被激活和整合，最终形成综合性的表象。由此可以看出，表象对孩子的学习和生活都十分重要。具体来说，表象具有以下四方面的作用。

一、开拓思维

表象能够突破孩子的思维，让孩子的思维变得越来越敏捷。在数学学习中，表象起到的作用非常明显。孩子在没有外在工具的前提下，如果能够运用自己的想象力和创造力去解决问题，其效果会更快更好。

在表象能力中，视觉思维是一种非常重要的思维，据统计，世界上只有六分之一的人能够利用视觉思维解决问题。上一节的案例中，小蒙利用表象的机能，在脑子里用视觉思维来做题就是典型的例子。

因此，学会表象思维方式，特别是视觉思维方式，可以极大

地突破孩子抽象思维的局限，扩展孩子思维的速度和广度。

二、增强记忆

《最强大脑》节目中很多选手都能在几秒之内记住上百个甚至上千个图像，而普通人却难以做到，这是为什么呢？

因为普通人在记东西时，总是按照惯性的思维模式去记忆。比如在记忆一些带颜色的几何图形时，大部分人都会先把图形的特征概括出来，然后用文字的形式记住他们，比如：紫色的长方形、蓝色的正方形等。

而记忆超群的人在记忆时使用的是表象思维，他们只需要在脑海中出现这样的图形，分别记住它们是什么样子，然后就可以在几秒之内全部记住这些图像。也就是说与抽象思维记忆相比，表象思维记忆可以提高记忆的效率和准确性。

三、发展空间思维能力

情景案例一：

下面右边的五个图形中，哪几个可以拼成左边的正方形？

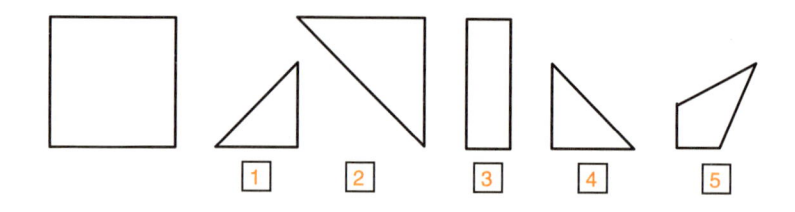

情景案例二：

从下面右边的立体图形中找出与左边展开图形上的数字相对应的边。

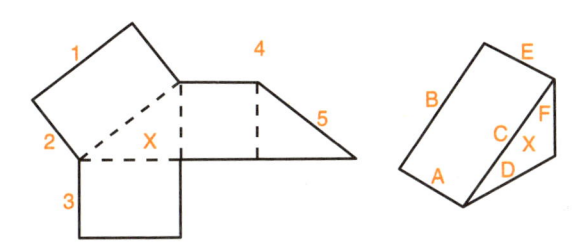

在学习几何图形时，孩子经常会遇到上述这两种题型。做这类题时，最好的办法就是在脑海中将这些图形翻转、组装、摊开，然后找出对应的答案，这个解题过程运用的就是表象力。孩子的表象力越好，其空间思维能力就越好。

四、提高语文成绩

国内研究者曾经做过这样一项研究：他们把孩子分成两组，一组利用表象力来学习成语，比如学习"刻舟求剑"时，就在脑海里想象一个人刻舟求剑的画面；另一组学习成语只单纯地死记硬背。

一段时间后，研究者发现第一组的孩子不仅记住了成语，而且对成语的理解比较透彻，而第二组的孩子记住成语的数量很少，对成语的意思也大多一知半解。

这一实验告诉我们，表象力对语文成绩也有一定的影响。学习语文时，孩子如果能够更多地使用表象力，其语文成绩也会逐渐提高。

第三节　表象力弱的表现

现实生活中，人与人之间的表象能力有着很大的差异。视觉表象力比较强的人适合做美术，听觉表象力比较强的人适合做音乐，嗅觉表象力比较好的人适合做烹饪，运动觉表象力比较好的人适合做舞蹈家、运动员等。

正是由于人与人之间突出的表象力不同，每个人的兴趣爱好也会有很大的不同。比如有些孩子不喜欢画画，就是因为他的视觉表象力可能比较弱，以至于他对画画这个活动不感兴趣。

另外，表象力弱还体现在：

一、抽象思维受到局限

孩子在学习抽象的数学知识时，生动直观的形象只能为他们提供理解的起点。要想学好数学，孩子需要建立良好的表象能力，从而利用事物的表象摆脱具体事物的束缚，进而过渡到抽象思维。

而表象能力比较弱的孩子在思考问题时，常常局限于问题的表面，不理解问题的本质。比如学习面积单位"平方厘米"时，表象力弱的学生很难在脑海中想象平方厘米是怎样的，所以无法真正去理解"平方厘米"这个概念。

二、学习效率低

心理学家曾经对一批智力较弱孩子就表象力进行过专门的测查，经过试验心理学家发现，这些孩子的大脑中有大片空白，一般孩子脑中所具有的表象在他们的脑子里面存储很少，因此他们的抽象思维能力和直觉思维能力会相对比较差。

表象力弱的孩子在学习新知识时，他们不能说出、画出许多与新知识相关联的不在眼前的事物、情境，往往只能靠死记硬背了解新知识。

在生活方面，心理学家观察到，这些孩子不善于观察身边的事物，总是喜欢待在自己赖以生存的小世界里面。进行一些户外活动时，他们常常不敢尝试新鲜的事物，不愿意走出自己的舒适圈，不喜欢接触陌生的人和事物。

这种现象会导致孩子在学习时，对于新知识产生抗拒心理。尤其是在学习几何等知识时，孩子常常因为表象力弱，跟不上其他孩子的进度和思路，学习效率普通偏低。

第四节　怎么测量孩子的表象力

通过第二节，我们已经了解了表象力在大脑中的控制区域以及它的重要性，不过表象力看不见摸不到，我们该如何判断孩子表象力的发展程度，然后对其进行合理的训练呢？

可以通过孩子在一些可操作性活动中的表现来分析或者判断其表象能力的发展程度。

比如让孩子观察动画片中的小猪佩奇，当孩子脑海中有了小猪佩奇这一形象之后，家长可以让孩子发挥想象，自己画一个与众不同的小猪佩奇。比如：可以给小猪佩奇戴上帽子，给小猪佩奇画上尾巴，总之一切全凭他们脑海中产生的表象进行。

心理学家在研究表象时发现，观察孩子的表象能力时，可以从心理旋转方面来判断。心理旋转就是孩子通过表象将事物的形象进行改变的过程。在上述例子中，孩子在给小猪佩奇画帽子时，比如把帽子正着画、斜着画的过程就是心理旋转。

心理旋转分为二维旋转和三维旋转。二维旋转指的是平面图案中的心理旋转，上面例子中，孩子在纸上画小猪佩奇这一形象的过程就是二维旋转。三维旋转就是立体物体中的心理旋转，如下图这道题，左边的这个正方体是由哪一个图拼成的？解答这个题目时，我们需要在脑子里把左边的这个正方体旋转，这就叫三维旋转。

例图　A　B　C　D

对于3岁左右的孩子，我们可以从不同的角度拍一些动画人物的图片，然后让孩子自己在脑海中做二维旋转，判断哪些图片的人物是正着的，哪些图片的人物是反着的；对于7岁左右的孩子，可以加大训练的难度，让他们做三维旋转。比如让孩子观察下图，判断哪一块积木跟例图的积木一样。

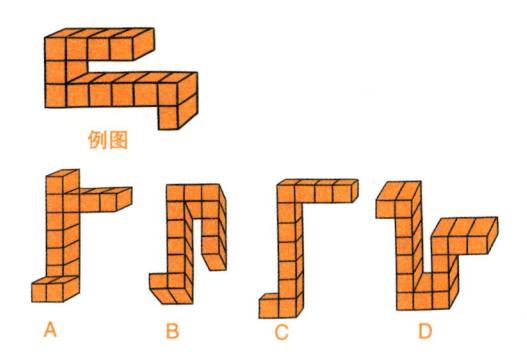

例图

A　　　B　　　C　　　D

　　心理旋转活动能够极大地帮助孩子解决几何问题和空间问题，提高孩子的推理能力，让他们的思维变得更加敏捷。如果在日常生活中，孩子能够充分地调动心理旋转，在脑海中完成对问题的分析、处理，那么孩子就能够更好地思考、记忆和解决问题。

　　其实很早以前的人类就具有表象能力，根据人类进化史的记载，人类在文字出现之前，就已经拥有了形象上的操作。后来，随着科学逐步发展，人类才逐渐开始学习数学和物理等以符号为主要内容的学科。

　　这证明孩子在进入学习之前，其形象化的表象能力已经有所发展，甚至有些孩子的表象能力比成人还要强。比如同样是玩拼图，孩子和家长的思考方式各不相同，通常孩子拼图玩得会比家长好，因为成人通常用推理的方式来操作，而孩子是通过事物的整体特征来操作。因此在表象能力发展的关键期，家长要加强相关的训练，把握好最佳的发展期。

第五节 表象力训练方法

儿童期是孩子发展表象能力的最佳阶段，那么在这个阶段我们应该如何帮助孩子发展表象力呢？下面介绍几种简单有效的科学训练方法，家长在日常生活中可以分别尝试一下。

一、头脑再现

头脑再现是指给孩子提供一些物品，让孩子进行记忆，然后将物品拿走，让孩子凭借头脑中的印象，在纸上画出记住的物品。这种方法是通过识记事物锻炼孩子的表象力，进而增强孩子的记忆力和思维能力。

1.形状再现

2岁左右的孩子已经可以识记一些平面形状，这时家长可以给孩子看一些不同颜色和形状的图像，然后让孩子盯着图像观察几秒钟。孩子观察好后，将图片收起来，然后给孩子一张白纸，让他把脑海中的图像画出来。

情景演示

妈妈："宝贝，我们来比一比谁的记忆力比较好，好不好？"

萍萍："要怎么比呀？"

妈妈："喏，这有张图片（如下图所示），图片上有四个不同的形状，我们一起观察它们，然后凭借自己的印象在白纸上画出它们。"

萍萍："好呀，我肯定比妈妈厉害。"

妈妈："那可不一定哦。"

萍萍："开始吧！"

妈妈把图片放在桌子上，然后和萍萍一起观察，5秒后，妈妈把图片拿走，在桌子上放上两张白纸。萍萍飞快地在白纸上画了起来。2分钟后，妈妈和萍萍都画好了。妈妈拿出原图，分别对比了一下。

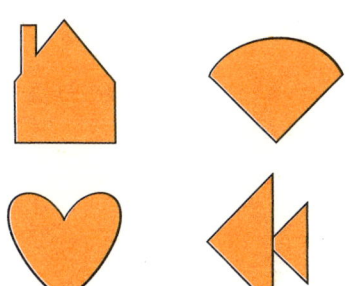

妈妈："萍萍果然很厉害，居然都画对了。"

萍萍："对呀，对呀，但是妈妈你错了一个哦。"

妈妈："对，还是萍萍聪明。"

形状再现比较简单，在训练时，家长可以根据孩子的表象力，逐步增加形状或颜色的复杂程度。当孩子对平面图形的再现能力足够熟练时，家长可以让孩子学习立体图形的再现。

2.立体图形再现

5岁以后，孩子大脑中的表象力就得到了进一步的发展，这个阶段的孩子已经可以在脑海中形成鲜活的立体形象。针对此年龄段的孩子，家长可以带领孩子做一些立体图形再现。

比如家长准备两幅图片，第1张图片是还没有建成的高塔，第2张图片是各种形状的积木。然后提示孩子，第1张图片中

的高塔还差4块积木就完成了，让孩子观察一下高塔还需要哪4块积木，最后让孩子在第2张图片里面找出高塔缺的4块积木。

如果孩子有画画的兴趣，家长也可以拿一张白纸，让孩子把立体图像画出来。在画的过程中，家长尽量不要打扰孩子，给孩子足够的独立空间。如果孩子画得不准确，最后帮助孩子加工一下就可以了。

二、时间训练

5～6岁的孩子对时间已经有了一定的概念，如果这个阶段孩子会看钟表，家长可以带领孩子使用钟表看时间，训练孩子的二维心理旋转。

具体步骤如下：准备一个钟表，最好是用数字表示时间的钟表；让孩子看目前钟表上的时间是几点几分；将时针或者分针前后移动，然后分别问孩子移动之后的钟表是几点几分。

三、木块练习

木块练习是常用的表象训练方法，它是指让孩子主动在脑海中想象出各种各样具体的情景。

比如：家长可以带领孩子想象一下：现在有块正方体的小木块，然后把木块前后左右四面都涂上红色的油漆，接着来想一想：

第一，用刀横着将木块分为两块，会出现几个红面，几个木面？

第二，如果这时再竖着切一刀，将小木块分成四块，会出现几个红面，几个木面？

第三，在右边的两块木块上再竖着切一刀，将小木块变成六块，这时会出现几个红面，几个木面？

第四，再在左边的两块木块上竖着切一刀，将小木块分成八块，又会出现几个红面，几个木面？

在做这类练习时，家长不要让孩子用数学推算的方法计算答案，而要让孩子通过表象来操作。每次训练时，家长要记录好孩子思考问题的时间，以此作为训练的成绩。每次训练的时间控制在 10 分钟左右，家长可根据孩子的训练情况适当调整训练的难度。

四、大脑抽屉法

家长根据孩子的年龄和表象力发展程度，设计 3 个不同的问题。比如太阳是什么颜色的？小猪佩奇长什么样子？你吃过哪些水果？

设计好问题后，家长让孩子对每个问题仔细思考 1 分钟。关键之处在于，家长要指导孩子在第 1 分钟只能思考第 1 道题，第 2 分钟只能思考第 2 道题，第 3 分钟只能思考第 3 道题。思考每个问题时保持注意力集中，不能开小差，不能思考其他两道题。

这种训练方法的主要目的在于让孩子想好一道题之后再去想另外一道题，这样孩子在做事情时，可以轻松地从一件事转移到另一件事上，就像一个一个拉开抽屉一样。这种方法不仅可以锻炼孩子的表象能力，还能提高孩子的注意力以及逻辑能力。

第六节　表象力训练小游戏

为了增加训练的趣味性，家长可以带领孩子做一些有意思的小游戏，从而让孩子可以在玩的过程中锻炼自身的表象力。接下来，就介绍几种比较有趣的小游戏。

一、旋转的积木

7～8岁的孩子对立体图形有了一定的辨识能力，这时家长可以利用积木和孩子玩游戏，让孩子可以在头脑中想象立体物品旋转的样子，进而训练孩子的三维心理旋转。

比如：家长可以从网上找一些旋转成不同角度的相似积木的图片，然后让孩子仔细观察这些图片，最后找到与参照物相同的积木。

情景演示

爸爸："儿子，我们来玩一个特别有趣的游戏吧，如果你赢了爸爸，可以奖励你一个神秘大奖哦！"

豆豆："好呀，好呀，快说说看是什么游戏？"

爸爸："你仔细看一看这组图片（如下图所示），这是几个经过不同角度旋转的积木，你能帮助爸爸找出1、2、3、4、5这5个积木里面，哪一个积木和左上角的积木是同一块积木吗？"

第三部分　学习能力

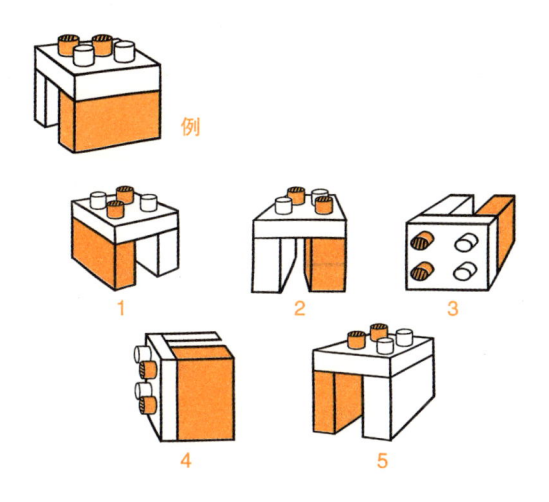

例

1　2　3

4　5

豆豆："这个游戏好像有点困难，不过这可难不倒聪明的我，让我仔细看看再告诉你。"

爸爸："好，给你2分钟，好好看一看，答错了神秘大奖也会溜走的。"

豆豆沉下心来，认真地观察这组图片，时不时地皱眉、摸头。1分钟后，豆豆找到了答案。

豆豆："爸爸，爸爸，我知道了，我知道了。"

爸爸："是吗，儿子真厉害，这么快就找到了，快说说你的答案吧！"

豆豆："3选项的积木和左上角的积木是一样的，对不对？"

爸爸："恭喜你，答对了，喏，这是你最想要的那个机器人。"

豆豆："耶，太棒了。"

三维旋转能力和很多领域密切相关，比如物理、航空等。因此，家长要注重这方面的训练，帮助孩子打好基础。

二、猜谜语

5岁以上的孩子就可以玩一些猜谜语的游戏了，这时家长可以带领孩子做一些类似"麻星子，红帐子，里面住着白胖子——花生"这种猜谜语游戏。

猜谜语的过程中，孩子可以依据基本的脑功能表象力，也就是事物在脑海中联想、唤起事物的形象的能力。这种活动对孩子表象力的发展和智力的提高有着重要作用。

三、找局部

6岁的孩子对事物基本有了整体认识，这个阶段家长可以带领孩子做一些根据整体形象找出局部的游戏。

如下图所示，家长可以分别让孩子观察下面两组图片，然后让孩子看一看哪一个局部图案是给出的例图图案的局部，找到后，让孩子把正确的局部图案圈出来。

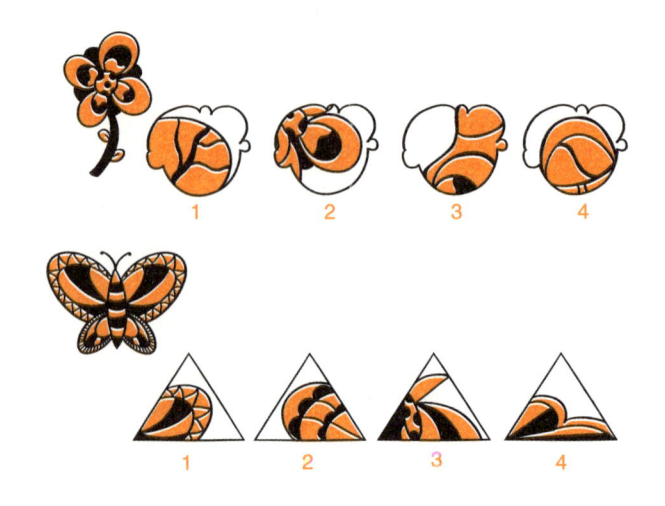

在观察过程中，孩子一时找不出来或者找错了，家长不要着急干扰或纠正，应该耐心地帮助孩子仔细观察和分析，尽可能地让孩子自己找出正确答案。

四、冥想

冥想能够开拓孩子的思维，提高孩子的想象力。家长在闲暇时，可以以一个具体的场景或者季节为关键词，让孩子发挥想象力，自由想象。

具体做法如下：让孩子保持身体坐直，两脚叉开，脚面平行，将双手放在腿上，微闭双目，慢慢深呼吸，然后在脑海中想象画面。比如以春天为关键词，就可以想象自己躺在一片绿色的草地上，小草软软的、绵绵的，很舒服，野花争相开放，各种花香混合到一起，不远处，潺潺的小溪流过，鸟鸣声清脆响亮等。

注意在冥想过程中，家长要发挥孩子的自主性，让孩子自由想象，不要禁锢孩子的思想。这样一来，孩子的表象力才会变得越来越丰富，注意力也会随之有所提高。

第七章 结构能力
——让孩子学好物理和几何

第一节 什么是结构能力

结构能力就是大脑对于空间内物体的结构、位置、关系等要素的整合。上一节知觉能力中，我们所说的物体的形状、大小、方位等，这些组合起来就是一个结构，孩子对这些物体的整体把握能力就是结构能力。

心理学专家发现，人类在感知世界时，总会自然而然地追求某个事物整体的特点。简单来说就是，当我们认识或利用事物时，本能地会从整体去感知这个事物，而非从局部去感知这个事物。

举个例子，我们的身体是由很多的骨头和肌肉，还有无数根血管组成的，但是我们去看每一个人的时候，绝对不会从这些小的骨头、肌肉或者血管来看。比如一个人摔倒了，我们只会说"看，前面有个人摔倒了"，而不会说"看，前面有一条大腿骨受伤了"。

虽然我们清楚地知道，人体是由很多元素构成的，但是一个完整的人明显大于这些元素的简单相加，所以我们与人交往时，都是把每个人看作是有血有肉有感情的整体。在认识事物的时候，我们的大脑也会把那些复杂的东西，自动简化成一个比较容易理解的整体。

如下图所示，当我们看到上面这三种图案的时候，我们的大脑会自动把这些复杂图案识别为圆形、方格和几何形这些简单的形状。

也可以说，我们人类天生具有将事物结构化、完整化的能力。虽然在日常生活中我们有时会忽略结构能力，但是结构能力却是必不可少的能力。

第二节 结构能力所在的脑区

结构能力和其他能力一样,在大脑中有所对应的脑区。如下图所示,人类参与结构化的区域,涉及双侧前额叶和顶叶皮层,其中起决定性作用的区域是大脑的右侧顶叶。

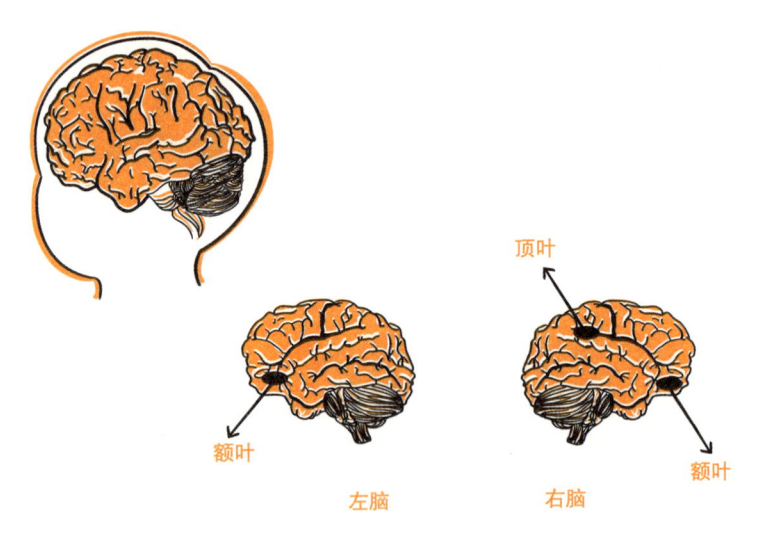

顶叶

额叶　　　　　　　　　　　　　　额叶

左脑　　　　右脑

相关专家曾经遇到过顶叶受损的患者,这些患者受伤后,就没有办法画画了。在画图案时,他们只能画出一些简单的线条,而不能把这些线条加工成整体的图案,因此,可以判定顶叶受损会影响人的结构能力。

在日常生活中,结构能力对孩子成长的作用非常大。

首先结构能力越强的孩子,写的字越好看。因为每个汉字都有自己的间架结构。比如,"许"字的言字旁是写大一些好看,还是写小一些好看,"河"字的偏旁三点水是与"可"一样高好看,还是比"可"高好看。

结构能力强的孩子在写这些字的时候,更容易把握好这些字的间架结构,所以他们写出来的字都非常漂亮。而那些结构能力比较弱的孩子,往往把握不好汉字的间架结构,写字时忽大忽小,忽上忽下,最后写出来的字就显得比较难看。

很多家长认为,写字不好看多练字帖就好了,但其实这种方法并没有成效。因为孩子的结构能力没有提高,练再多的字也是无用功。

其次,结构能力好的孩子,对方位和建筑的布局比较敏感。他们更容易理解整体和部分之间的关系,所以他们在看地图和图纸的时候也比较容易。另外,他们的摄影和画图能力也很强,设计的作品会让人赏心悦目,所以结构能力强的孩子很适合做建筑师、工程师这类需要和图纸打交道的职业。

最后,结构能力强的孩子,数理化成绩也非常好。根据相关研究表明,结构能力的强弱与孩子的理科成绩好坏有着很大的关系。

情景案例

小睿和小峰在一起做一道数学题,题目内容如下:一个人沿着一条全长 15 米的公路种树,已知每棵树之间最少要间隔 5 米,请问这个人最多可以种几棵树?

看完题目后,小睿和小峰脑海中出现了不同的画面。

小睿脑海中出现了一条路,这条路上没有树,每 5 米为一小

段，整个画面就像线段图那样。小睿想完后，立马写下了答案。

而小峰脑海中出现的是：一条路上，有一个人拿着图标在种树，他先将一块地方打扫干净，然后种上一棵树。种完之后，他向前走了5米，接着把一块地方清理出来种树，就这样反复种树，一直种到路的尽头。小峰想完后，发现小睿早已经写完出去玩了，于是匆忙写下了自己的答案。

在上面的案例中，小睿和小峰做数学题时，都是在脑子里运用表象来思考问题，也就是说他们运用的都是我们之前讲过的表象思维方式。不过在思考的过程中，方式却有很大的差异。

在小睿的脑海中，虽然没有树和人，但是他却抓住了事物的空间关系，并将题目中的内容转化为简单的线段图，可以说小睿对整条公路的长度有一个整体性的把控；而小峰思考时，在脑海中演练了一遍一个人种树的过程，也就是说他的脑中出现的是具体的人和树，而不是简单的数学关系。这就是小睿做题快，而小峰做题慢的原因。

由这个案例我们可以看出，结构能力对于孩子的理科成绩影响很大。结构能力强的孩子更善于运用整体思路思考问题，他们的思维相对来说比较全面；结构能力弱的孩子在做题时看到的是一个个零散的想象画面，所以他们在学习理科科目时相对会比较吃力。

在学习物理、数学、化学这些理科科目时，需要运用结构能力来解决的问题非常多，因此，家长应该注重培养孩子的结构能力，为以后物理和几何的学习打下基础。

第三节　结构能力欠缺的影响

结构能力对孩子的日常生活以及未来工作至关重要。就拿问路这件小事来说，如果孩子的结构能力差，别人告诉他"向左走200米，然后右转直走100米，见到十字路口再左转前行200米，右手边就是商店"，孩子可能难以理解，甚至弯弯绕绕一直找不到路。

世界著名发展和认知心理学家霍华德·加德纳在多元智能理论中指出，结构能力对智商的影响很大。可以说结构能力是孩子学习、生活必须具备的基本能力，结构能力差的孩子在很多方面都会受到影响。

一、影响记忆力

在一些节目中，我们经常看到过目不忘的神奇人物。这些人能够在很短的时间内记住一组毫无意义的字母，他们运用的其实就是结构能力。

人类的记忆通常都是以视觉形象方式存在的，在记忆过程中通过视觉形象记忆能够有效地提高记忆效果。那些过目不忘的神奇人物在记忆时，经常使用的方法就是"记忆宫殿"。也就是将接收到的信息储存在脑海的某一个空间位置，经过反复练习后，在脑海中建立起一座记忆宫殿。

当然，大多数人并不具备这一能力。不可否认的是，结构能力比较强的人，大脑中的逻辑更清晰，学习知识的速度也更快。反之，结构能力比较弱的人，在记忆时往往死记硬背，对所记知识的形象难以理解，其成效比较低，并且经常有"背了忘，忘了背，背了再忘"的情况。

二、影响创造力

想象力是创造力的灵魂，创造力则是一个人难能可贵的财富，而结构能力与这两者也有一定的关系。通常结构能力比较强的孩子，他们的想象力会更丰富，创造力也相对较高，他们可以在大脑中完成复杂的发明创造，比如爱因斯坦的相对论就是通过空间方式描述出来的。

而结构能力比较弱的孩子，思维通常比较局限，比如让他画一幅春天的画，他可能只能想到花花草草这些植物，想不到野炊、踏青、生机勃勃的东西，因而他们的想象力和创造力也有所欠缺。

三、影响逻辑思维

我们在做一件事情之前，首先会在大脑中将这件事情的先后顺序和因果关系简单地过一遍，比如先做什么、再做什么、最后做什么。而结构能力比较差的孩子则缺乏条理，逻辑能力比较低。他们做事时常常想到哪里做哪里，看着一天到晚都在学，可是实际上却没有学到很多东西。这不是因为他们不够努力，不想把事情做好，而是因为他们的结构能力没有发展成熟，导致逻辑能力滞后，做事时没有办法理清事情的关系。

四、影响数学成绩

数学是一门重要的学科，它是一门从数量关系和空间概念上研究现实世界的学科。若孩子的空间结构能力差，显然是学不好数学的。

小学三年级之前，数学通常只涉及加减乘除、平方、函数这些比较简单的计算，这时孩子只需要记住一些计算规则也是可以解决问题的。

但是三年级之后，数学就会陆续出现几何、代数等知识，这些知识对结构能力的要求会越来越高。如果孩子的结构能力差，那么他们在学习数学时必然会受到影响。

第四节　怎么判断孩子的结构能力

通过前两节，我们已经知道了结构能力的重要性以及它所在的脑区，那么我们到底该怎么判断孩子的结构能力？对此，建议从孩子的年龄来初步判断。

2～10岁孩子的结构能力发展程度各有不同（如下图所示）。具体来看，不同年龄的孩子的结构能力发展过程如下：

结构化机能发展趋势

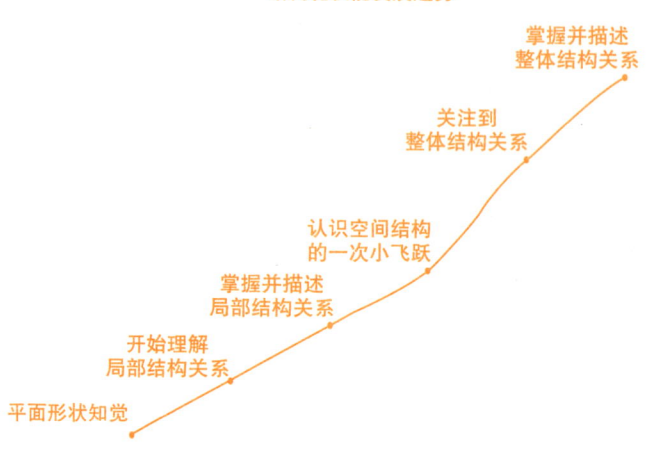

- 掌握并描述整体结构关系
- 关注到整体结构关系
- 认识空间结构的一次小飞跃
- 掌握并描述局部结构关系
- 开始理解局部结构关系
- 平面形状知觉

2～3岁　3～4岁　4～5岁　5～6岁　6～8岁　9～10岁

2～10岁孩子结构能力发展示意图

3～4岁孩子的平面形状知觉能力逐渐发展成熟，他们已经掌握了不同的形状，可以独立画出线条、圆形、四边形等形状。此外，这个阶段的孩子已经了解了物体的空间位置和方位，能够理解上下、前后、左右这些方位词。

4～5岁后，孩子可以在日常生活中灵活运用上下、前后、左右这些方位词，并且可以向别人描述这些方位词，比如他们会说"爸爸，帮我拿一下右边的橙子"这种话。还有他们可以画出或拼出一些造型，例如用积木拼成汽车等。

5～6岁的孩子已经掌握了空间结构，这个阶段的孩子可以很形象地描述一些事物。比如他们会说"这个玩具下面有一个圆形的底，上面像头发一样长"这种话。

7～8岁的孩子基本掌握了结构能力，能够同时关注到一个东西的上下、左右、前后等空间结构关系，并且可以与别人交流这些关系。

9～10岁之后，孩子的结构能力已经发展到一个比较高的水平。这时家长可以带领孩子学习素描，这样有利于强化孩子对整体空间结构的认识。

根据孩子结构能力的发展规律，家长就可以大致判断出孩子结构能力的发展水平。需要注意的是，6～9岁是孩子结构能力发展的关键期，这个阶段家长应当帮助孩子建立起整体的结构感，从而为以后结构能力的发展打好基础。

除了年龄之外，结构能力在男女两性上也存在差异，因此，家长还可以从性别方面出发，判断孩子的结构能力发展程度。

研究人员发现，人类与动作相关的基因存在Y染色体上，同时我们的结构空间能力也与Y染色体相关。其中，由于雄性激素在胎儿时期就参与了结构能力的发展，所以，男性在结构能力上存在一定的优势。再加之男性的右脑较为发达，所以，他们在结构能力上往往高于女性。

比如，在认路和看地图方面，男女就有着很大的差异。男生一般比女生认路，就是我们常见的普遍现象。当处于一个陌生环境时，男生过不了多久就会熟悉环境，基本不会出现找不到路的情况。女生则恰恰相反，她们很难立刻适应一个新的环境，很容易出现找不到路的情况。另外，男生一般都很喜欢看地图，而女生则不太擅长看地图。

还有就是男女生几何学习能力有所不同。男生的几何能力比较强，在做几何题目时，往往可以依靠强大的结构空间能力轻松完成。而很多女生学习代数时可能困难不大，但是一遇到几何这种需要在大脑中进行三维操作的题目时，她们就不会做了。这就是男女的大脑差异和基因不同造成的结果。

所以，家长应该多多锻炼女孩的结构能力，从而为以后的学习打好基础。比如家长可以带领女孩多玩玩魔方、七巧板、九连环等玩具，这些玩具对女孩的结构空间能力发展大有裨益，其中魔方不仅可以有效提高女孩对空间和结构的把控，而且对数学能力提升也十分有益。

第五节　不同年龄应该有的结构机能

上一节我们已经知道了不同年龄的孩子，他们的结构能力有所不同。那么，相对而言，每个年龄段孩子的结构训练也有所不同。为了更好地发展孩子的结构能力，家长需要先了解每个年龄段孩子应该有的结构机能，然后再进行相应的训练。

针对2～3岁的孩子来说，他们在接触积木、乐高等玩具一个月之后，就能掌握堆高、平铺这些简单的动作。这时，家长带领孩子玩积木时，孩子可以自己将一块块积木平铺在地上，或者将积木一块块堆高。

等到孩子完全熟悉积木之后，家长可以带领孩子做围合动作。围合就是用三块或者四块积木围成一个包围圈，包围住一块完整的空间。围合技能是孩子进行结构活动的基础，学会这个技能后,孩子的结构能力就会慢慢变得丰富、复杂起来。比如玩弄一段时间后,他们会在包围的空间里面放进一些玩具或者娃娃,将这个空间当作玩具或娃娃的家。

4～5岁后,孩子的结构能力已经有了一定的提升。针对这个阶段的孩子,家长可以训练孩子的架空、插接、镶嵌等技能。

架空是指用一块积木盖在相互之间有一定距离的两块积木上,比如用积木搭一座桥、一扇门等。

插接和镶嵌动作类似。插接就是把一块积木的一端插入另一块积木中,让两块积木连接在一起,成为一个完整的整体。比如让孩子用积木做楼梯、汉堡等。镶嵌是把一个物体嵌入另一个物体内,搭建长城、滑梯时会用到这种技能。

5～6岁的孩子可以开始探索多种结构活动和模式,家长可以带领孩子做一些排列组合、编织、黏合等复杂动作。

排列组合是指将积木、雪花片等材料按照一定的方式排放在一起。比如先放一片红色的雪花片,接着放两片绿色的雪花片,之后不断重复"红—绿—绿"颜色,这样就能构成一种完整的颜色模式。

编织、黏合是指将一些比较复杂、精细、匀称的物体采用编织、黏合等动作组合在一起,形成一个完整的个体。比如用冰糕棍和小夹子搭一座房子,用火柴和胶棒铺一段火车道等。

另外,此阶段的孩子已经有了一定的表征能力,可以运用自己的思想将一种事物当作另一个物品。譬如他们会给自己建造的小房子取名为乐乐的家,会将小恐龙当作小霸王等。

值得注意的是,在训练之前,为了丰富和加深孩子对物体

和建筑物的印象，可以在日常生活中引导孩子观察各种不同的物体或建筑的形状、颜色、结构和空间位置关系。比如带领孩子到大自然中去实地观察，让孩子观察相关的玩具、图片、照片等。

训练过程中，家长还要有足够的耐心，尽量让孩子自主选择材料、自主搭建。同时还要注意孩子的情绪，当孩子心情不佳时，家长应该暂时放下活动，处理好孩子的情绪后再继续进行训练活动。

第六节　结构能力训练小游戏

下面再和大家一起来分享一下，家长该如何帮助孩子提高结构能力。与孩子相处时家长可以试试以下几个简单又有趣的结构能力训练小游戏。

一、猜形状

在讲形象思维能力的时候，我们曾经介绍过这种训练方法。当孩子在学习形状的时候，家长应该让孩子亲手触摸这些形状，这样他们能够直观地感受到事物的轮廓，比如知道圆形只有一条边，正方体每个面都相同等。这种游戏不仅可以提高孩子的形象思维能力，而且还可以提高他们的结构能力。

二、立体魔方

如下图所示,家长可以带领孩子用立体魔方拼出指定的图案。具体的游戏步骤如下:

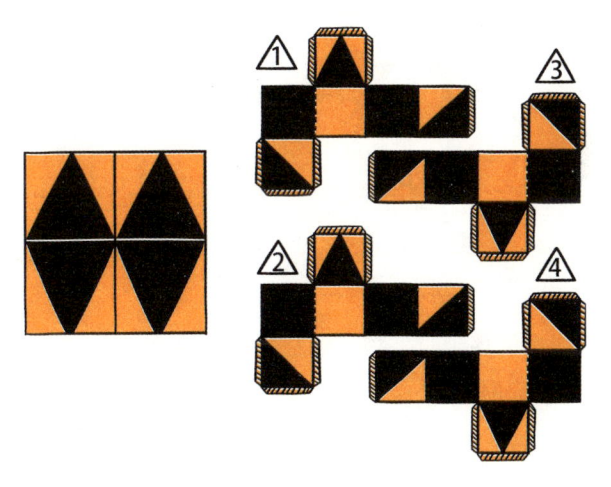

第一步,家长准备一些立方体的展开图,并且用颜色区分相邻的图形;

第二步,家长指导孩子折叠成 4 个立方体;

第三步,家长让孩子用折叠好的立方体拼成一个表面和左边图案一样的魔方。

通常 3 岁左右的孩子就可以做立方魔方游戏,这个游戏可以帮助孩子培养结构能力,让孩子了解部分和整体的关系,家长可尽量及早让孩子进行这种训练。

到了 4 岁之后,家长可以增加魔方表面呈现图案的难度,让孩子拼出较为复杂的立体魔方来。当孩子已经可以熟练地用 4 个立方体摆成不同的图案后,家长还可以增加立方体的训练,逐渐加大魔方的难度。如下图所示。

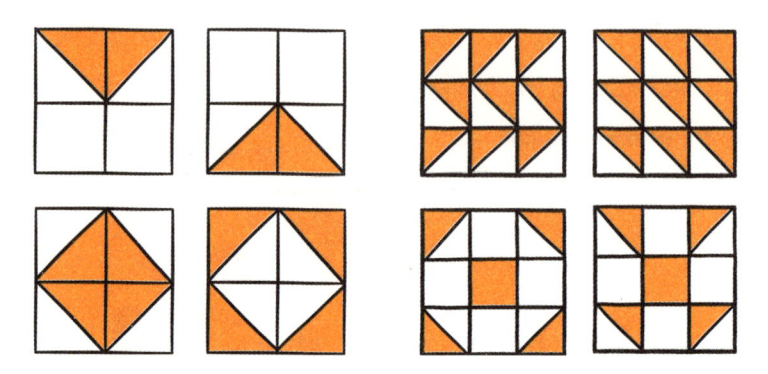

三、找图案

5岁以上的孩子对事物有了基本的认识，家长可以给孩子看一些需要结构化加工的图形，让孩子描述看到的图案。

情景演示

爸爸："媛媛，我们来玩一个找图案的游戏吧！"

媛媛："好呀，那赢了有没有奖励呀？"

爸爸："奖励可以有，不过这得看看你到底有多厉害喽。"

媛媛："来吧，我才不怕呢。"

爸爸："好，那你来看看这张图片，你能告诉我在图片中你能看到哪些图案吗？"

媛媛："嗯……我能看到有 4 条鱼在游泳。"

爸爸："真厉害，媛媛竟然一眼就看出来了，那你能告诉我这些鱼和周边的物体是用哪些形状组成的吗？"

媛媛："有长方形、圆形、三角形……"

爸爸："好吧，看来这个游戏难不住你呀。现在你可以说说你想要什么奖励了。"

媛媛："耶，那我可以买那款我一直想要的魔方吗？"

爸爸："当然可以！"

从图片中找出隐藏的形状和图案，可以有效地提高孩子对事物结构的认知能力。家长在平时可以多陪孩子玩一些类似的游戏，为孩子以后的学习打好基础。

四、从整体中找出部分

针对 6~7 岁的孩子，家长可以让孩子做一些从整体找出部分的游戏，让孩子根据局部图案判断其在整体中的位置，进而提高孩子对事物结构的认知能力。

如下面情景演示中的图所示，家长可以找一些类似的图片，让孩子仔细观察图片，然后告诉孩子最左边的图隐藏在后面 4 幅图中，让孩子试着找找看，这幅图到底藏在哪里并把相应的图圈起来。

情景演示

妈妈："宝贝，你看这些图片好玩吗？"

贝贝："咦，它们好像是几何图形啊！"

妈妈:"宝贝观察得可真仔细,不过妈妈现在有一个难题。"

贝贝:"什么难题呀?"

妈妈:"你瞧,下面每组图中,最左边的图隐藏在后面的4幅图中,妈妈找了半天都找不到正确的答案,你能帮助妈妈找找吗?"

贝贝:"没问题,我保证能够找到。"

贝贝说完,开始仔细观察几组图,妈妈在一旁默默看着贝贝。两分钟后,贝贝找到了答案。

贝贝:"妈妈,妈妈,我找到了。"

妈妈:"是吗?宝贝找得太快了,快告诉妈妈你的答案吧。"

贝贝:"好。第1组图中左边的图案隐藏在图2里面,第2组图中左边的图案隐藏在图1里面,第3组的隐藏在图4里面,第4组的隐藏在图3里面。妈妈,对不对?"

妈妈:"让我看一下,果然如此,宝贝你真的太棒了。"

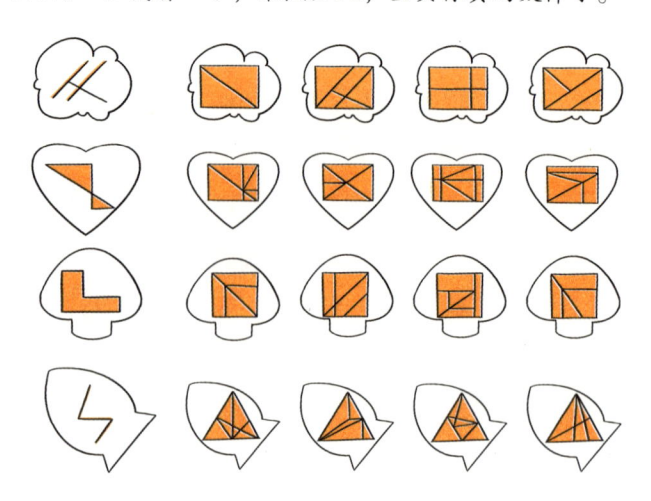

结构小游戏能够有效地帮助孩子认识事物的形状、空间形象，帮助孩子在大脑中建立事物的结构能力，加强孩子对事物的认识。只有帮助孩子打好结构能力的基础，孩子在学习物理、几何等理科科目时才不会很吃力。

延伸拓展

我们了解大脑的目的就是寻找对开发大脑有利的部分并加以利用，但仅仅了解表面就想获得大脑开发的科学依据是远远不够的，为此，我们还要更进一步地探究。

神经细胞同其他人体细胞一样，有生命周期，有生老病死的过程，但也有一个不一样的地方，它不能够死一个立刻又补一个、保持细胞总数的不变，它的胞体是不可再生的。

神经元不可再生，这似乎意味着我们对大脑的开发是无用之功，但事情远非如此。事实上，脑的机能并不取决于神经细胞的绝对数量，而是与脑细胞之间建立起来的网络复杂性密切相关，脑的网络形成的物质基础是突触。从上面的部分我们得知，突触的形成有赖于神经元的突起，虽然神经元不可再生，但是它上面的突起却有再生能力。突触强大的增长性造就了网络神经的巨大潜力，为大脑开发提供了可能性。

神经网络是脑的功能系统框架，正是其强大的可塑性才使得人类的各种高级心理活动能够以多层次、按系统运作的复杂方式和谐地进行，并造就了人脑功能的千差万别，从而使人的能力表现出不同的类型。因此，要深入谈论人脑的可塑性，我们就要了解人脑的机能系统，首先从大脑的大致分工开始。

我们的大脑分为左右两个半球，左右半球借助联合纤维链接在一起，我们的身体是两侧对称的，大脑对躯体的支配是呈交叉性的，即大脑的左半球支配着身体的右侧部分，右半球则支配身体的左侧部分，左右半脑的形态和机能各有不同。

粗略地看，大脑左右半球的形态结构似乎是差不多的，但仔细观察就会发现，差异是非常明显的。比如，位于颞叶的一个叫做颞平面的地方，左边的比右边大三分之一；左右脑的外侧裂沟长短也不同，左脑外侧裂又长又深，终点位置低，而右脑的则很短，终点位置较高。这些结构上的不同与机能上的分工是对应的，就拿颞平面来说，左脑的颞平面比右脑大，是因为它的位置正好是与语言机能相关的皮层区，对应着左脑在语言活动方面的优势。

除了结构上的差异，左右脑在高级心理机能上也有明显不同的分工。一般来说，右脑主要掌管艺术和创造力，负责物体大小、形状的识别以及辨识人面、绘画、艺术、音乐、直觉、情绪、空间定向等机能活动；左脑主要掌管逻辑语言，负责言语理解、书写、阅读等语言机能以及逻辑推理、数学计算、分析判断等抽象的符号思维机能活动。

不过，大脑的分工固然重要，但两个大脑半球以及各个功能区的协同配合更加重要。实际上，左右脑的分工并不是完全分离开的，人的很多复杂的认知活动和智能操作都是以左右脑的协作配合为基础的，并不是仅由一侧半球来完成的，比方说语言机能，虽然它的"负责者"是左脑，但也并不意味着它与右脑毫无关联，我们说话时的语气、语调等情绪方面的感知就是由右脑来完成的，一些右脑损伤的病人就无法辨别出语气的差别和说话者的情绪。人的大脑两个半球的机能是统一对立的关系，两者互不相同但又互相依存，大脑的开发也要注意怎样在实际操作中运用两脑的配合和协同。

此外，大脑的每个半球又可分为四个主要的脑叶，分别包括位于前部的额叶、位于中上部的顶叶、位于中下部的颞叶以及位于后部的枕叶，这四个脑叶在机能上也有不同的分工。

先来说额叶。额叶与身体运动相关，是我们让肢体按照我们自己的想法运动而发出指令的功能区，是人体内非常重要的一个部位。计划和组织机能也是由额叶来完成的，此外位于人脑左侧的额叶还包含着一个具备高级机能的区域，这个高级机能就是人的说话机能。可以说，人类的特有的语言、社会化以及相应的复杂机能都有赖于额叶的发达。

接着说顶叶。顶叶负责躯体的感觉以及各感觉之间的联系活动。人类的大脑顶叶发展极为突出，特别是顶后区，这个区域掌管的正是各种感觉相互联系的部分，同时也可处理多种复杂的信息。

其次是颞叶。颞叶和听觉相关联，负责处理与听觉有关的各种信息。

最后是枕叶。枕叶与视觉相关，负责把人眼所接收的各种视觉信息进行加工处理。

在这里，我们还需要了解的一点是人脑四大脑叶的发育和成熟并不是同步的，最先成熟的是枕叶，顶叶次之，接下来是颞叶，额叶最末。而额叶的成熟相对来说要复杂一些，包括两个部

分，一是支配和协调运动机能的运动皮层，发育成熟较早；二是涉及人的计划、组织和自我控制机能的前额叶皮层，在孩子十几岁之后才会进入主要发展阶段，因此成熟最晚。各位家长或老师们不要认为这个顺序无关紧要，因为开发大脑最关键的就是要顺应大脑的自然发展规律，而这个顺序就有可能起到指导我们的作用。

　　了解了大脑的功能分区，我们就知道提升各种不同的认知功能，其实就是在开发大脑不同的功能区和不同的脑叶。

第八章 运用能力
——让孩子成为机敏灵活的小达人

第一节 什么是运用能力

生活中，我们总能遇到这样的情况：孩子已经 2 岁了还不会自己吃饭，每次自己吃饭都会弄得一团糟。勺子拿不稳，好不容易抓好了勺子又喂不到嘴里，饭菜洒了一地，弄脏了衣服，最后还没吃饱……

其实，有的孩子自己吃不好饭，或者肢体动作不协调、总摔跤、体育活动的表现很差等，都不是孩子主观不想做好，而是孩子存在着很典型的"发育期运用障碍"。

小时候，这种发育期运用障碍看上去不会给孩子带去太多困扰，但长此以往，孩子的运用力会变得越来越差，长大后甚至可能影响到日常生活的自理，比如做饭、开车等。而且，运用力差的人没有办法完成其他一些需要操作仪器之类的技术性工作。

运用能力好的孩子，一般是指肢体灵活、动作灵敏、动手能力强，擅长篮球、足球等运动类项目，或者擅长舞蹈、绘画等艺

术类项目的孩子。像工程师、医生、科学研究人员、飞行员等需要操作精密仪器的职业，都需要良好的运用能力作为基础。

那么，到底什么是"运用能力"呢？运用能力，是指把一系列动作按照时间和空间组合起来。说得通俗一点，就是人有意识地操控自己的身体或周围的环境来完成某些活动的过程，比如走路、跑步、写字、画画、洗衣服、做饭等。

运用能力在人类进化史上有着非常重要的意义，能够"有目的地"使用工具，是人类区别于其他物种的重要特征之一。使用工具，就是最基本的运用能力。

为了更好地了解运用能力，我们首先需要来了解一下人是怎么做出单个的简单动作的。

比如，当你拿了一个烫手的锅盖时，最初你的皮肤会感知到高温的刺激，之后皮肤上的感受器会把这种高温的刺激转变为神经兴奋，通过传入神经最后传到大脑的神经中枢。大脑的神经中枢综合加工各方面的刺激之后，做出要放下锅盖的决定，并通过传出神经最终作用到肌肉的效应器上，接收到指令的各肌肉组织协调在一起最终放下了锅盖。

这是单个简单动作的产生过程。在日常生活中，我们有很多更复杂的行动，比如踢足球、游泳、制作手工艺品等。不管是简单的动作，还是复杂的动作，都离不开人的运用能力。所以，培养孩子的运用能力是非常重要的事情。

第二节　不同时期儿童的运用能力表现

各位家长在日常生活中可能都会有所感触，那些动手能力比较强的孩子，在智力发展水平上，也要比同龄孩子更好一些。这种现象是非常普遍的，我们常说孩子们心灵手巧，认为思维敏捷才能手脚灵活，其实这个词语也可以倒过来使用，说成"手巧心灵"，其着重表现的正是手脚灵活对儿童思维发展的影响。

想要了解运用能力对儿童思维及成长的影响，我们有必要再进一步了解一下那些具体的运用能力。

儿童的运动发展能力可以分为粗大运动和精细运动。

粗大运动主要是指身体大肌肉群的活动，主要是指儿童四肢的活动，具体来说，小孩子抬头、翻跟头、爬、走、跑、跳这些动作都属于粗大运动。

精细运动则主要是指儿童的手和手指的运动，以及手眼相互协调运动，比如手指的捏合能力、手脚的活动能力，以及动手去操作器械的能力等。

在儿童成长过程中，粗大运动和精细运动往往是相互配合的，儿童的一些具体活动也都是通过这两种运用能力相互协调才能实现的。在一般情况下，儿童的粗大运动会先发展，而后才会带动精细运动的发展。

下面我们分别介绍一下儿童在不同成长阶段中运用能力的具体表现。

1.粗大运动

抬头：一般来说，新生儿在俯卧时可以抬头1～2秒钟，4个月左右时，新生儿的抬头动作就会相对稳定下来。

坐：6个月的婴幼儿可以用双手向前支撑的方式自己完成"坐"这个动作，8个月时，大多数婴幼儿会坐得比较稳当。

翻身：7个月的婴幼儿开始能按照自己的意识翻身，如从仰卧姿势翻身到俯卧姿势。

爬：8到9个月时，婴幼儿基本可以通过双上肢来实现"向前爬"这一动作。

站、走、跳：到了11个月时，婴幼儿基本可以实现独自站立，但时间一般不长。到15个月时，婴幼儿开始可以独立行走，保持相对稳定的姿态。24个月时，婴幼儿可以通过双脚跳跃，30个月则可以实现单脚跳跃。

上面提到的这些，都是婴幼儿在不同成长阶段可以实现的粗大运动，家长们可以在适当时期仔细观察孩子们的具体情况，看一看是否孩子及时掌握了这些粗大运动。当然，每个孩子的运动发展周期有其独特性，有的孩子掌握不同粗大运动的时间可能会晚于平均水平，家长也不必对此过分着急，这都是正常情况。

2.精细运动

握持反射：新生儿的握持反射是一种无条件反射，当我们用手指碰到新生儿的手掌时，他们会紧紧握住我们的手指不肯放开。在一些特定情况下，我们提起手指甚至会把孩子整体悬空起来，此行为不建议尝试。

一般来说，这种握持反射会在3、4个月时自动消失，如果超过了4个月，新生儿依然还存在比较强的握持反射，那家长就应该带孩子去医院进行必要检查，排除神经病变或神经系统受损的可能情况。

捏、敲：6～7个月时，新生儿会开始出现一些探索性动作，比如用手捏东西、敲东西等。

手指动作：9～10个月时，新生儿开始可以用拇指和食指拾取物品，这一时期的孩子尤其喜欢撕扯纸张。

手部动作：12～15个月时，大多数孩子开始学会使用勺子、画笔，虽然动作并不规范，但也是有模有样的。这一时期，孩子喜欢在图画本上乱写乱画，家长们对此并不需要太过紧张。

堆积木：18个月左右的孩子，便可以自己完成"堆积木"的动作，只不过这一时期孩子所能堆叠的积木很有限，随着年龄的增长，孩子可以堆积的积木便会增多起来。

翻书：2岁时，大多数孩子便可以自己翻书，有些孩子甚至还会有模有样地咿咿呀呀地读起书来。

用剪子：4岁左右的孩子基本可以学会使用剪子，但此时的他们可能还并不理解剪子的作用，只是胡乱地剪些东西。这里并不建议孩子过早接触那些尖锐有危险的工具。

系鞋带：6岁时，孩子们通过学习，就可以自己完成系鞋带的动作。家长应该有意识地让孩子自己完成这一动作，而不能过于迁就孩子，替代孩子完成这种工作。

上面提到的这些精细运动，显然要比那些孩子自然养成的粗大运动困难一些。当孩子想要完成一些精细动作时，家长需要时刻在身旁辅助，记住，是"辅助"而不是帮助孩子完成。比如，孩子到了9个月的时候，开始尝试用手去抓取物品，这时候家长需要做的是在孩子身旁引导，让孩子自己去抓，而不是直接把东西放到孩子手中，然后再握着孩子的手，让孩子抓紧。替代孩子完成精细运动，其实是剥夺了孩子运用能力发展的机会。

儿童运用能力的发展有其特殊规律，在不同的生长时期，孩子们所能掌握的运用能力也是不同的。家长在陪伴孩子成长过程中，需要仔细观察孩子掌握运用能力的时间，虽然不同儿童掌握运动能力的时间会有早有晚，但如果孩子掌握运用能力的时间晚于平均时间节点太久，家长就要提高警惕，多做引导，有必要也可以前往医院进行检查，排除各种潜在的疾病风险。

相对来说，儿童粗大运动的实现大多是在其意识自觉的作用下完成的，家长并不需要着力去教育和引导，而一些精细运动的实现则需要家长多做引导。

当然，我们所说的引导和教育并不是揠苗助长式的，非要孩子在特定阶段掌握特定的精细运动。孩子的情况只有父母自己清楚，在发展儿童的运用能力时，家长应该循循善诱，让孩子潜移默化地学会各种精细运动，同时还要让孩子在生活中多多实践，这样才有助于孩子思维能力的发展。

在了解运用能力后，我们就要明确这样一个问题——到底是什么影响了孩子的运用能力？

第三节　是什么影响了孩子的运用能力

我们已经了解了什么是运用能力，但是在探寻影响孩子运用能力的原因前，我们还要先明确与运用能力相关的大脑脑区。

负责运用能力的脑区主要有两个区域：顶叶部位的大脑躯体皮层，还有额叶和额叶运动前区等。顶叶部位的躯体皮层又分为感知脑区和负责躯体运动的脑区。感知脑区在顶叶的中央沟后回，它接受由皮肤、肌肉和内脏器官传入的感觉信号，产生触觉、温度觉、痛觉、运动觉和内脏感觉。而负责躯体运动的脑区在额叶的中央前回，它的主要功能是发出动作指令、支配和调节身体在空间的位置、姿势以及身体各部分的运动等。

很有意思的一点是，身体各部位在大脑皮层中所占的位置并不是由这些躯体的实际大小来决定的，而是取决于它们在机能方面的重要性。

也就是越重要的部分功能区就越大，越是与机能相关的部分，相互之间离得也越近。比如，我们的手、舌头、嘴巴等，它们和我们的躯干相比都是很小的，但是在生活中有重要的作用，所以它们在大脑皮层中占的位置区域也相对较大。

如果我们根据身体各部位在大脑皮层中所占的比例大小画一个人的话，就会出现一个嘴巴很大，手很大，但是上下肢躯干很小的人。

因此，家长们可以重点从以下两个方面锻炼孩子的运用能力：

第一，一定要让孩子多动手，可以进行一些动手游戏，练习精细动作。具体的操作方式可以参考我们前面提到的形象思维的内容。

第二，从上述所画的形象中我们可以看出，躯干所占的位置很小，也就是说，大多数人躯干对应的脑区都不发达。不过大脑具有可塑性，如果我们能让孩子多参加一些运用躯干的活动，比如跳舞、游泳等，那么就可以有针对性地训练其躯干对应的大脑皮层的功能，从而更好地促进孩子大脑的发展。

同时，我们也要知道，不同的脑区是在不同的阶段成熟的，所以孩子的运用能力也是随年龄增长而逐步发展的，这也是我们判断孩子的运用能力发展水平的重要指标。

举个例子，一个孩子从出生开始，需要一步一步来完成不同的动作，比如，3个月翻身、6个月会坐、7个月会爬等。所以家长肯定不会拉着6个月的孩子学走路。但是，在孩子慢慢长大后，不同的阶段需要锻炼哪些方面的能力？值得注意的问题有哪些？这些与孩子运用能力有关的发展规律，并非每一个父母都了解。

对于三四岁的孩子来说，这时大脑皮层中位于额叶运动前区的第4区已经发育成熟，这时候家长可以培养孩子简单步骤的运用能力，包括丢沙包、踢皮球、拍小皮球等。如果在这时教他们一些复杂的、有多个步骤的连续动作，比如双手抛球、接球等高难度动作，他们往往是做不到的。这是因为负责管理复杂步骤和连续运用机能的大脑皮层第6区要到孩子六七岁时才能发育成熟，所以在此之前最好不要教孩子完成复杂的、有多个步骤的连续动作。

综上所述，对孩子的培育要根据大脑的发展阶段来决定，否则就会事倍功半、得不偿失。

第四节 运用能力对儿童成长的影响

运用能力对儿童的成长具有重要影响，这不仅体现在孩子们动手实践的效果上，也体现在孩子们的智力和心理成长上。

在前面一节中我们讲到，儿童运动能力的发展是在大脑的神经系统支配下完成的，儿童动作的发展很多时候就是他们大脑皮层神经的发展。它们之间相互作用、相互影响，也是运用能力影响大脑思维能力的最好佐证。

除此之外，运用能力还对儿童的心理发展造成影响，这其中包括对婴幼儿认知能力发展的影响、对儿童情绪和社会能力发展的影响等。

一般来说，当孩子处于婴幼儿阶段时，他们对世界的认知和了解大多来源于对具体事物的接触，他们想要认识世界，首先要去感知自己周围的环境。

具体来说，当孩子们用手去触摸不同的两个物体时，他们的脑海中对这两个事物会产生不同的认知。比如他们会产生对物体

大小的认知、对物体形状的认知，再结合眼部动作，他们还会产生对物体颜色的认知。

如果儿童运用能力不足，则这些认知能力的发展就必然会受到影响。人类大脑中的运动神经元是极其丰富的，这些运动神经元与人体的视觉、听觉、记忆和思维都有着密切联系。当儿童通过具体的运动去调动这些神经元时，儿童大脑中与神经元紧密联系的能力也会因此获得锻炼，它们之间的联系也会越来越紧密。

对于婴幼儿来说，因为年龄比较小，他们的大部分肌肉群发育有所不足，这就会导致他们的手脚动作受到影响，最为明显的就是手部控制能力比较弱，协调能力也比较差。

随着年龄的增长，婴幼儿手部控制能力和协调能力会逐渐提高，大多数情况下，有目的进行训练的婴幼儿，在这一方面能力的提高，显然要比没有进行过相应训练的婴幼儿快上许多。

由于控制小肌肉和手的脑协调神经与控制舌头、嘴唇肌肉的神经是相同的，所以在一些动手能力不强的孩子身上，我们还可能会发现口吃、发音不清的现象。也就是说，运用能力不强还可能会影响到儿童的语言发育。

除了这些显见的影响外，运用能力不强还可能影响到孩子的情绪和心理。一些精细动作发育不良的孩子，在与其他同龄人交往时，动手实践总是慢别人一拍，久而久之，这些孩子就会逐渐从心理上脱离群体，进而产生或多或少的自卑心理。

处于成长阶段的孩子，心智发育往往都不成熟，一些小挫折、小失败就会影响到他们的自信心。运用能力弱的孩子在人际交往过程中遭遇挫败的概率要更高，孩子因运用能力不足而丢失了信心，对其心理状态的发展是十分有害的。

上面提到的这些方面，正是运用能力不足对儿童成长的各种影响，这也是家长们必须加倍重视的。下面我们主要来介绍一下如何通过动手能力的培养来帮助孩子提高运用能力。

手是孩子们认识世界、感知世界的重要器官，它既受大脑支配，也反过来对大脑的发展起到重要影响。我们知道，人类的大脑分为左右两个部分，左脑主要负责语言、逻辑和数字符号，而右脑则负责音乐、绘画和空间感知，左右脑同时发展是一种最好的状态，这就需要我们找到一些方法来锻炼孩子们的运用能力。

做手工是一种锻炼儿童手部灵活性和协调性的好方法。手工活动需要孩子充分运用眼、手、脑等多种器官，通过手脑协调运动来完成细节操作，在进行手工活动过程中，孩子的运用能力将会得到锻炼，其他诸如绘图和空间感知能力也会得到显著提升。

但据观察，在全国范围内，并不是所有中小学都开设了手工课。在一些地区，甚至还出现了取消中小学生手工课的情况。在我看来，这并不是一种好的现象，这可能让孩子们失去了集中锻炼运用能力的机会。

英国的一份调查报告指出，由于许多英国学校取消了木工和机械等手工课，孩子们的动手能力也随之减弱，同时他们的智力发展也因此受到了一些影响。报告认为，只有让孩子更多地锻炼自己的动手和操作能力，才更有利于孩子们的智力发展。

因此，家长们应该在日常生活中注意培养孩子的动手能力。这里简单介绍不同成长阶段孩子动手能力培养的具体方法，在下面一节中，我们会着重为家长们介绍几种提高孩子运用能力的小游戏。

一般来说，当孩子在三四个月大的时候，就会尝试活动自己的双手，在认识世界之前，他们需要先认识自己的双手，而当初步了解到自己用手可以做什么时，他们便会用自己的小手去四处探索。

在这个时候，家长可以在婴儿车或其他孩子摸得到的地方，放上一些色彩鲜艳、干净漂亮的小球铃（一定要做好消毒）。当孩子碰到这些小球铃时，它们便会发出悦耳的铃声，孩子们会感到如获至宝般高兴。在这种情况下，孩子们会更有兴趣用双手去触摸、去探索，这样在潜移默化中，他们的运用能力便得到了锻炼。

当孩子长到三四岁时，家长一定要把握住这一特殊时期，因势利导地训练孩子的运用能力。比如，家长们可以帮助孩子学会自己穿鞋和脱鞋，与孩子一起用乐高积木来搭建城堡或房子。还有教孩子自己洗袜子、自己用筷子等，这些做法都可以帮助孩子提高运用能力。

等孩子再大一些时，有条件的家长可以在家中为孩子专门开辟出一块做手工的区域，给孩子准备一些废布条、废纸板、小剪刀、糨糊、彩笔之类的工具，引导孩子自己开展手工制作。

除此之外，家长们还应该多陪孩子进行一些户外活动，比如踢毽子、跳绳、打篮球等。在与孩子互动过程中，家长要时刻保持耐心，多鼓励孩子，帮助孩子建立信心，让孩子对这些户外运动产生浓厚兴趣。当孩子真正喜欢上这些运动后，他们的运用能力也就自然而然地提高了。

第五节　不同年龄段孩子运用能力训练方法

在不同的阶段，做适合孩子运用能力发展的训练可以促进孩子大脑的发育，让孩子动作更协调，头脑更灵活。那么，我们怎么来帮助孩子发展运用能力呢？家长们不妨试试下面几个简单又有效的科学小游戏，不但能培养孩子的运用能力，还能增进亲子感情。

一、运用能力训练方法——企鹅运蛋（3～6岁）

3～6岁的孩子正处于粗大动作发展的阶段，这时候可以让他们做一些跑、跳等动作。我们在这里介绍一种能训练孩子粗大动作的游戏：企鹅运蛋。

第一步，准备两个纸箱和四到五个皮球，纸箱用来代表企鹅的家，皮球代表的是企鹅蛋。

第二步，通过故事来引入游戏。妈妈给孩子讲故事："宝贝，你看潮水快要来了，企鹅妈妈要搬新家，我们一起帮她把蛋宝宝运过去吧。"

第三步，爸爸教给孩子具体运蛋的方法："宝贝，我现在是

企鹅爸爸啦，你就是小企鹅。企鹅都是这么走路的，我们把蛋宝宝藏在腿中间，跳着一步一步送到企鹅的新家，好不好？"

第四步，爸爸带头示范，在纸箱里拿出一个皮球，将皮球夹住跳到企鹅妈妈的新家（另一个纸箱），妈妈和孩子一起加入游戏。

二、运用能力训练方法——模仿游戏（3～4岁）

运用能力的掌握离不开人类模仿能力的发展。

我们能够重复他人动作的模仿能力，是大脑一种十分重要的学习活动。人类的运用能力和模仿能力，是相互促进、共同提高的。

在孩子3～4岁的时候，家长可以带领孩子做下面的模仿游戏。

第一步，爸爸先做一个动作示范。例如，单脚跳、大笑等，动作可以先简单后复杂，或者表演绘本中的某一个片段。

第二步，请孩子模仿你的动作。当孩子做到之后，爸爸可以鼓励他说："原来你也可以呀！"

第三步，请孩子做动作，让爸爸模仿。这时候爸爸可以故意出错让孩子纠正，让孩子开心或者增加自信。

三、运用能力训练方法——看谁反应快（5～7岁）

5～7岁的孩子，家长可以带着一起玩"看谁反应快"这个游戏，这需要用到多种感觉器官和多种运用能力。

具体的方法是：

第一步，预先制定反应规则。规则应当清晰、明确。

第二步，一个人表演动作，其他人根据反应规则做出正确动作。

举个例子，比如家长说数字"1"，孩子做举起双手的动作。在这里，我们根据孩子的不同年龄阶段列出了一些相应的游戏规则供大家参考：

5～6岁：

我说"1"——你举起双手

我说"2"——你双手背到后背

我举起双手——你站起来说"1！"

我双手背到后背——你坐下来说"2！"

6～7岁：

我说"1"，出示红色卡片——你伸出拳头

我说"2"，出示黄色卡片——你踢右腿

我说"3"，出示蓝色卡片——你拍拍头

我说"4"，出示绿色卡片——你叉腰

我说"5"，出示紫色卡片——你伸出双臂

在玩"看谁反应快"这个游戏时，家长要注意，给孩子的指令应该循序渐进，先从简单的开始，不断升级，越来越复杂。并且每次设定的规则都要涉及不同的感官联合，比如，听和动的联合，视和动的联合，听、说、动的联合等。

四、运用能力训练方法——手影故事（6～7岁）

多练练手指的灵巧性，可以有效地促进大脑的发育。

在孩子6～7岁的时候，可以通过模仿家长的动作来训练孩子手指的灵巧性，比如练习手部剪影动作的游戏就是一个很好的方法。

以上就是培养孩子运用能力的内容。希望每个孩子都能成为运用能力爆棚的小天才！

第九章 专注力
——孩子注意力不集中，怎么办

第一节 为什么越来越多的家长开始关心孩子的"专注力"

相信不少家长都注意到了这点——孩子的注意力或多或少都会有点问题。尤其是在这个飞速发展的时代，孩子也面临着更多诱惑，手机、电脑等，这些都是挑战孩子注意力的东西。

对孩子来说，注意力不集中最直接影响的就是学习成绩。有研究者曾经对孩子的注意力做了一项调查。他们发现，在幼儿园大班中，注意力越好的孩子，他们的作业完成情况也就越容易得优。

那么，"注意力"到底是什么呢？打个比方，孩子自己的学习过程就好像在往杯子里倒水一样，孩子需要打开杯子上面的杯盖才可以接到水，这个杯盖就是孩子的注意力。

注意可以分为无意注意和有意注意两种。

无意注意指的是不需要意志努力的注意。例如，学生们在班上认真地听老师讲课，突然从教室外面闯进来一个人，这时候大

家不约而同地看向了那个人，这就是无意注意。

有意注意指的是有目的的、需要意志努力的注意。例如，有的人刚开始学数学时本来不感兴趣，只是为了需要，不得不集中注意去学习，这时的注意就是有意注意。后来由于逐步克服了困难，获得了优良成绩，这种学习本身引起了他的兴趣，他的注意力就自然而然地集中到数学学习上去了。

我们家长一般关心的那些有关孩子注意力的问题，大多都是属于"有意注意"的范畴。不少父母都希望孩子能在学习方面有充足的耐心，于是他们开始用强制性手段约束孩子，强迫孩子集中注意力。

然而，这种行为恰恰是父母缺乏耐心的表现。

孩子之所以缺乏耐心是因为他们天性使然，孩子总是对什么都充满好奇，且做事总是三分钟热度。一些稀松平常的事在小孩子眼里也是十分新奇的。所以，孩子经常是摸摸玩具，翻翻绘本，给人一种很没有耐心的感觉。

其实，面对孩子这种没耐心的行为，家长一定要注意耐心引导，要把宝宝的"无意注意"引导发展成"有意注意"。这一过程也符合孩子"从无到有"的认知规律。

孩子在刚出生时，绝大部分行为都是无意识的，思维也处在无意识状态。这时，他们应对外界刺激的反应通常表现为不自觉的注意，比如很容易被鲜艳的色彩以及动态的事物吸引等。这时孩子注意力的稳定性较差，且注意力的持续时间较短。随着生理年龄增长和认知进步，孩子的大脑功能逐渐完善，他们才能更好地接受长时间的"有意注意"。

那么，有意注意和大脑的关系是怎样的呢？大脑又是怎样控制注意力的呢？

根据科学研究，有意注意是由脑的高级部位——额叶所控制的。额叶是人脑的司令部，它会调动人脑的其他部位共同活动。

研究表明，额叶受损比较严重的病人就不能将注意力集中在某些事情上。只要周围环境中有任何新的刺激或者干扰，比如灯变亮了或者突然出现了一个声音等，正常人稍微分一下心就过去了的事情，而额叶受损的病人却不能很好地控制自己的注意力，一定要停下原来做的事情，把视线转向外面的人或者事物上，而且很难将注意力再转移到原来的事情上。

不过，额叶的发展要比脑的其他部位都迟缓。所以，家长必须要明白，孩子并不是一开始就可以有很强的、持续时间很长的有意注意的，他们的有意注意都是一点点发展起来的。

那么，很多家长所困扰的自己孩子注意力不集中，到底是孩子真的有问题，还是因为孩子年龄太小，注意力发展水平不够呢？这个问题我们将在下一节具体解答。

第二节　快来看看孩子的专注力现在处于哪个阶段

万物发展都有其规律，孩子的注意力发展水平也是如此。我们在上节已经提到，孩子的注意力发展水平要遵循"从无到有"

的自然规律。那么，不同年龄段的孩子，他们的专注力水平又应该处于何种阶段呢？

3岁之前，孩子的注意基本上都属于无意注意。比如，周围事物不同的光线、声响、气味这些，都会不由自主地引起孩子的注意。3~6岁孩子的注意，仍然主要是无意注意，但是和3岁前的孩子相比，他们的有意注意已经有了一定的发展。

3~4岁的幼儿园小班孩子，大概能保持有意注意3~5分钟。

4~5岁的幼儿园中班孩子，有意注意时长是10分钟左右。

5~6岁的幼儿园大班孩子，有意注意的时长是10~15分钟。

所以，如果各位家长觉得自家孩子注意力没那么集中，不妨先留意观察一下，他们目前的有意注意时间是不是已经达到了他们能做到的最好水平。

到了学龄期，孩子有意注意的时间也会逐渐增加。

7~10岁时，孩子有意注意的时间约为15~20分钟。

10~12岁时，孩子有意注意的时间约为25~30分钟。

12岁以上的孩子，有意注意的时长可能超过30分钟。

当有意注意的专注度不断提升，达到一个很高的水平，进入"忘我"的状态时，工作和学习的效率会大大提升。比如，在做某件事时，感到高度兴奋和充实，因为沉浸于手上的事情，不愿意被打扰、抗拒中断，而忘记了吃饭，忘记了时间的流逝，甚至感觉不到自己的存在。这样的状态就叫做"心流"。

心流，是一种最理想的专注状态，一种真正的全神贯注，更是一种在目标驱动下的投入与付出，是人们在完成任务、实现目标的同时获得的一种额外的、积极的精神体验。

心流不仅可以确保任务的高效完成，还能够使孩子获得大量的快乐和强烈的成就感。心流所带来的积极情绪，会大幅度提高孩子的主动性和积极性。所以，想要达到心流的状态，家长一定要选择孩子感兴趣的内容，多加强注意的集中性训练。

除了集中性注意，人跟人的注意还有"转移性"和"分配性"方面的差异。

"注意的转移"指的是人把注意力从一个事情转移到另一个事情上。比如，在学校上课的时候，窗户外面突然飞过了一只小鸟，孩子们都不约而同地望向窗户，这是一种无意注意。

注意转移能力强的孩子，可以把注意力迅速地转移回老师的身上，这属于有意注意。而那些转移能力较弱的孩子，他们的心神可能就会跟着小鸟"飞"出了教室，没法再次快速回到课堂学习中。对于孩子而言，窗外的小鸟比课堂中的老师更有趣，也更加说明了有意注意是有目的的、需要意志努力的注意，无意注意是不需要意志努力的注意。

对于注意力的转移这种特性的训练，家长应在解决完注意力的集中性问题之后再来巩固。而训练的重点应放在抗干扰能力上面。比如，让孩子在闹市读书，就是一个很好的训练方法。还有在感知觉能力那一课中的"找相同"游戏，也是一个训练孩子抗干扰能力的好方法。

而"注意的分配"指的是，人同时把注意力分配到好几种事情上的能力。比如老师一边讲课，一边还能观察学生听讲的情况；操纵机械的工人，一边观察仪表，一边控制和调节操作，有时还能注意周围环境的变化等。

不过，对于学龄期的孩子来说，让他们自如地分配原本就不够的注意力，难度会大大超出他们所能承受的范围。

所以，家长朋友们最好不要给孩子同时布置多个任务，因为目前他们的注意力分配可能还达不到兼顾多项任务的水平。

第三节　为什么专注力对孩子如此重要

专注力很重要吗？答案当然是毋庸置疑的。但是，大部分家长只知道专注力是重要的，却不知道为什么如此重要。

其实，专注力问题与孩子的思考能力、问题处理能力等直接挂钩。因为有了专注力，所以孩子看待问题会更加理性，也能让他们的大脑思维能力得以提升。

孩子在 10 岁左右时，会显现出与其他孩子能力上的差别。比如一些孩子能踏实学习，另一些孩子即便很想努力，却没办法让自己安静下来，这就是专注力带来的影响。

专注力不是天生的，所以爸爸妈妈需要有意识地培养孩子的专注力，这样才能让他们在日后的学习、工作中有良好的习惯基础。

有些孩子喜欢玩玩具，而且怎么玩都不会累。比如他们会摆弄一个闹钟几十分钟，会花十几分钟的时间画一张并不完美的小画。面对这种情况，家长通常会选择将孩子"拉回现实"，殊不知这种"拉回现实"的方式却成了杀死孩子专注力的帮凶。

当然，过分的专注也会成为"陷阱"。有些孩子会花很长时间盯着一朵花看，他们并不是被花朵吸引，只是眼神游离地看着花发呆。这时，家长就要及时把宝宝"拉回现实"了，否则孩子就会逐渐失去自控力，沉溺在发呆和幻想的世界当中，对培养良好习惯产生不利影响。

第四节 专注力弱就等于"多动症"吗

有些孩子喜欢在坐着时抖腿，有些孩子喜欢在上课时东张西望，这些行为对孩子来说其实是很正常的，因为在专注力的发展水平上，每个孩子都存在着个体差异，在发展的时间上也存在或早或晚的情况。可是，也有一些家长，当孩子的注意力水平略微落后于同年龄段其他孩子时，他们就会焦虑——"哎呀，我家孩子是不是有多动症？"

其实，专注力弱并不等同于多动症。儿童多动症又称注意力缺陷多动症(ADHD)，或脑功能轻微失调综合征，是一种常见的儿童行为异常疾病。

儿童多动症有两大主要症状，即注意障碍和活动过度，这类患儿的智力正常或基本正常，但学习、行为及情绪方面存在一定缺陷，主要表现为注意力不集中，注意短暂，活动过多，情绪易冲动，学习成绩普遍较差，在家庭及学校都很难与人相处。通常起病于6岁以前，学龄期症状明显，随年龄增大逐渐好转，部分病例可延续到成年。

并不是所有存在注意力不集中、有小动作现象的孩子都是得了儿童多动症。家长们可以根据下面这张表格进行自测。

在儿童多动症类型中，同时满足6个特征以上的孩子，才需要及时去医院进行专业的诊断和治疗。1～9条属于注意缺陷，如果孩子满足注意缺陷症状中的6条或者更多，则属于注意缺陷型；10～18条属于多动冲动，如果孩子满足多动冲动症状中的6条或者更多，则属于多动冲动型；如果同时满足上面两种情况总计12条或者更多的症状，则属于混合型儿童多动症。

下面是儿童多动症类型表格（美国精神障碍诊断与统计手册第4版DSM-IV）：

儿童多动症类型表

儿童多动症类型	维度	特征
注意缺陷型	注意力不集中	①学习、做事时往往不注意细节，常出现粗心大意的错误
		②在学习、做事或玩的时候，很难保持注意力集中
		③别人对他讲话时，常常心不在焉，好像没在听或没听见
		④不能按照指示完成作业、日常家务或其他任务
		⑤很难组织好或有条理地完成分配给他的任务或活动
		⑥逃避需要持续用脑的工作（如：课堂作业、家庭作业）
		⑦丢三落四，常把学习、生活必需的东西弄丢
		⑧容易因外界刺激而分心
		⑨遗忘日常活动（如忘带课本，忘了布置的作业）

续表

儿童多动症类型	维度	特征
多动冲动型	活动过多	⑩坐不住，手脚动作多或身体扭来扭去
		⑪上课时或在其他需要静坐的场合离开座位
		⑫在一些不该动的场合乱跑
		⑬在休闲活动中（如游戏、课余活动）很难保持安静
		⑭一刻不停地活动，像上了发条一样
		⑮说话过多
	冲动任性	⑯在他人（如老师）问题还没有问完之前就抢先回答
		⑰很难按顺序等待做某项活动
		⑱常常打扰别人（如别人讲话插嘴、干扰其他儿童游戏）

还有一个很粗略的判断方法，就是看孩子是不是做什么事情都坐不住、不专心。如果只是做不感兴趣的事情时坐不住，但是做自己感兴趣的事情比如玩游戏、看电视的时候就很专心，这样的孩子一般就不是多动症。

反之，如果孩子无论在什么场合都是忙碌不停，胡乱吵闹，建议家长及早带孩子去专业的机构进行专门的训练。改善注意力障碍有很多手段，但目前看来，最有效的是神经心理干预和矫治。

所以，对于那些还没有达到"多动症"阶段、无须就医的孩子，带他做一些有针对性训练，就可以有效地改善注意力不集中的状况。

第五节　培养孩子专注力，我们只需这样做

每当家长朋友们问到"我该如何培养孩子的专注力"时，我们都会率先回答这句话——"首先，不要总去打扰孩子。"为什么会把这个方法放在第一位来讲呢？因为很多时候，孩子注意力不集中，恰恰是由我们家长的一些不当做法造成的。

举个例子，孩子在专心画画或玩玩具的时候，家长一会儿让他吃水果，一会儿让他抬头看镜头给他拍照，一会儿又去指点他应该怎么画怎么玩。家长没有意识到，孩子做事的时候需要安静，需要不被打扰。

让孩子吃水果、看镜头和指导，这样的做法对孩子来说其实就是一种干扰，是对孩子专心做事的一种破坏。过多干涉、强迫，不仅会破坏孩子在快乐中建立起来的专注力，也会影响孩子的动手能力与钻研精神，更会影响孩子的成就感和自尊心。

还有一些场景也很常见，孩子在玩耍的时候，把身上、房间里弄得脏兮兮一团糟，家长一看就急了，让孩子赶快收拾好。

再有，带孩子去户外玩的时候，孩子沉迷于观察路边的小蚂蚁，蹲在路边不动，而家长却在不断地催促孩子"赶紧去哪哪哪玩儿"。其实，孩子蹲在路边观察小蚂蚁的时候，正是其运用专注力的时候，是注意力高度集中的表现。这个时候，千万不要干扰他，让孩子继续观察他的小蚂蚁。

一切规矩，等孩子做完了一件事以后再说也不迟。不要因为一时的规矩，破坏了孩子的专注力。

下面我们来看看培养孩子专注力的小方法。

一、走迷宫游戏（3岁左右）

走迷宫游戏，可以让孩子带有一定目的地集中注意力。

孩子3岁左右，就可以玩迷宫的游戏。在迷宫的选择上，可以随着孩子能力的提升，相应地增加难度。

当然，在现实生活中，也可以让孩子感受真正的迷宫。当孩子自己置身于真实的迷宫中，可以大幅度提高其注意力和结构能力。同时，也会培养孩子解决问题的能力。

在玩"走迷宫"的游戏时，应该尽量让孩子自己发挥，走出迷宫。如果孩子在迷宫中找不到出路时，家长一定要及时鼓励，适当地减轻游戏难度，让孩子开心，最重要的是让孩子获得成就感。

二、抓"老A"游戏（3岁左右）

家长们请准备一副扑克牌，不过可不要让孩子跟着自己一起打"斗地主"。我们要让孩子从几张扑克牌里面找出一张特定的牌来。这个游戏在孩子差不多3岁的时候，就可以带他一起玩了。

操作步骤如下：

第一步，家长选择8张单一花色的扑克，从中挑出1张，给孩子看2秒钟。

第二步，将这些牌混在一起，打乱顺序。

第三步，正面展示给孩子，让他从这些牌中找出刚才看过的那1张。

之后，随着孩子能力的进步，可以渐渐提高难度，增加牌的数量和花色。

还有一种扑克牌游戏的玩法，具体操作步骤是：

第一步，选择3张扑克牌，从中选出1张红桃A给孩子看。

第二步，将这张红桃A放在扑克牌的最左边，并将这3张牌翻盖过来，反扣在桌面上。

第三步，快速地交换扑克牌的位置。

第四步，保持牌面反扣的状态，让孩子找出那张红桃A。

同样，随着孩子能力的进步，家长可以通过增加牌的数量和加快牌的换位速度，来提高游戏的难度。

或者，也可以用纸杯扣一个小球来代替扑克牌，让孩子找出哪个杯子下面藏了小球。

这样的游戏可以有效地锻炼孩子的注意力以及快速反应的能力。

三、连点成画（5～6岁）

对于5～6岁的孩子，家长可以带着他们做按照一定顺序连点成画的游戏。这个游戏要求孩子带着一定目的集中注意力，克服干扰，对无关的刺激不予关注。多一些干扰因素，反而能在无形中提高孩子的抗干扰能力。

具体操作方法如下：

第一步，在网上下载或者自制一些图片，图上有不同的数字或字母按顺序可以组成一幅画。

第二步，让孩子用线将黑点按顺序连起来。

第三步，让孩子讲一讲出现了什么图形，并给图形涂上颜色。

四、舒尔特方格（5岁以上）

舒尔特方格，对于那些"难以集中注意力"的孩子，有着非常神奇的功效。这是目前全世界范围内最简单、最有效也是最科学的注意力训练方法，普遍用于飞行员、宇航员的注意力训练。

舒尔特方格可以有效地培养注意力的集中、分配和控制能力；并通过动态的练习锻炼视神经末梢，拓展视幅、加快视觉频率；提高视觉的稳定性、辨别力，以及定向搜索能力。

标准的舒尔特方格，是在 1 张方形卡片上画上 1cm×1cm 的 25 个方格，格子内任意填写上"1～25"的阿拉伯数字。

训练时，要求孩子用手指按 1～25 的数字顺序依次指出其位置，同时诵读出声，记录下完成所用时间。数完所有数字，用时越短，注意力水平就越高。

下面这个表格是各年龄段被测者的注意力平均得分参考。

年龄	优秀	中等	较差
5～7岁	30秒以内	46秒以内	55秒
7～12岁	26秒以内	42秒以内	50秒
12～14岁	16秒以内	26秒以内	36秒
18岁及以上	8秒以内	20秒以内	20秒以上

刚开始接触的时候，孩子的成绩可能达不到平均水平，这是正常现象，家长千万不要因为孩子的成绩而过于急躁。初学者可以先从3×3的9格难度开始练起。感觉熟练或比较轻松达到要求之后，再逐渐增加难度到4×4格、5×5格，千万不要因急于求成而使其学习热情受挫。

如果有兴趣继续提高练习的难度，还可以继续训练6×6格、7×7格等表格。

其中的训练要点是，眼睛要距离表30～35cm，视点自然放在表的中心位置，尽可能地扩大视域，用余光去搜寻字符。注意不要顾此失彼，为了找一个字符而对其他字符视而不见。

家长可以在网络上搜索"舒尔特方格"，直接在电脑上用软件训练，一方面计时更加准确，另一方面随机生成的数字也能防止孩子因为多次训练记住了数字顺序而影响训练效果。

这里需要注意的是，孩子每看完一个表，家长就要让他闭上眼睛稍作休息，不要过度疲劳。

五、五感训练法

我们已经知道孩子在接收外界信息时需要依靠5种感官——视觉、听觉、触觉、味觉、嗅觉。所以，家长朋友们也可以通过这5种感官的训练来培养孩子的早期专注力。

1.视觉感官训练

0～3岁的宝宝只能看到20厘米左右的物体，且视觉神经仅能分辨出两种基本颜色——黑色与白色。所以，在最初给宝宝进行视觉训练时，家长朋友可以选择一些黑白玩具吸引宝宝的注意力，这样可以增强宝宝的视觉敏感度，为培养宝宝的专注程度做准备。

2.听觉训练

0～4岁的宝宝在听觉方面是很敏感的，所以，家长朋友可以准备一些带声音的玩具与宝宝互动。带声音的玩具可以刺激宝宝的听觉神经兴奋度，而且对其他五感的发育也都有好处。这时，家长可以用发声玩具与宝宝玩"捉迷藏"，让孩子更专注地寻找声音来源，这也是为以后的专注力培养打基础。

3.触觉训练

宝宝在很小的时候就喜欢抓东西或抠东西，这是因为他们需要通过触觉来感知这个世界。这时，家长可以选择一些不同材质的摇铃，并握住孩子的小手抓起摇铃，在他们眼前一起轻轻挥动。这样能充分锻炼宝宝的手眼协调性，从而增强宝宝的注意力。

4.味觉训练

宝宝出生一周后就能够区分母乳香味，对刺激性气味表示厌恶，2个月以后便能辨别并区分香、甜、酸、苦、辣等不同味道了，其味觉在1周岁以前基本上就已经发育完全。等宝宝再大些，父母可以准备几种口感相近且宝宝喜欢的食物依次放置在盘子中，并告诉宝宝这些食物的名称，然后蒙上宝宝的眼睛，让他通过味道来猜食物的名称，这样在咀嚼品味的过程中，宝宝的专注力就会得到训练。

5.嗅觉训练

同味觉一样，宝宝的嗅觉也是在1周岁以前基本上就已经发育完全，父母可以准备一些气味不那么强烈的花，让孩子感受花的气味，或者经常带宝宝到户外，有意识地让宝宝体验不同的气味。

5～6岁时，孩子的五感基本发育完全。这时，他们需要的除却专注力外就是自控力了。家长朋友们需要培养孩子的耐心，从而为培养孩子的专注力做辅助。

当然，培养孩子耐心的前提是家长要对孩子展现充分的耐性。如果家长对孩子的态度一直是不耐烦的，那他们就没有资格要求孩子具备耐心与专注力。家长朋友们需要与孩子经常进行情感沟通，并给予孩子充分的情感激励。强迫式的管教会让孩子抵触家长灌输的东西，反而更难养成良好的专注力。

我们可以在孩子游戏时参与进来，并给孩子提出"完成时间奖励"。比如孩子在拼拼图时，家长朋友们可为孩子规定一个完成时间，如果按时完成了拼图，就给孩子奖励一盒橡皮泥、一盒水彩画笔或其他奖品。注意，不要拿"玩电子游戏""看电视"等当作奖品奖励孩子，这样反而会事倍功半。

总之，专注力是一种态度，也是一种习惯。孩子的良好习惯总是来源于父母的言传身教，所以，在要求孩子做到专注时，家长朋友们也要以身作则，给孩子树立一个良好的榜样。

第十章 记忆力
——这样做，孩子才能记得又快又牢

第一节 什么是记忆力

"白日，白日……"

"依。"

"噢！白日依……白日依……"

"山。"

"噢噢！白日依山……尽，黄，黄……"

看着孩子费劲半天也记不住一句古诗的样子，妈妈感觉自己濒临发火的边缘……

不仅孩子如此，生活中，我们经常遇到这样的事情：上一秒还记得，下一秒就忘了；打开书觉得都会了，合上书就觉得都忘了。那么，让我们记忆出现问题的"元凶"到底是什么呢？

在回答这个问题之前，我们要先了解一下什么是记忆力。

根据记忆在大脑中所保持时间长短的不同，记忆可以分为三种，分别是：瞬时记忆、短时记忆、长时记忆。

瞬时记忆，又叫感觉记忆，指的是我们直接通过感官，比如眼睛看、耳朵听、鼻子闻这样的行为所获得的信息，这些信息在大脑中保持的时间一般在2秒钟以内。瞬时记忆往往形象鲜明，但保存时间特别短，如果不加以注意和处理，很快就会消失。短时记忆，指的是那些在大脑中保存的时间稍微长一点的记忆，时间大约为5秒至2分钟。长时记忆，指的是那些可以在大脑中保存很长时间的信息，保存半个小时、一个星期、好几个月，甚至很多年的记忆，都叫长时记忆。

保存在短时记忆中的那些信息，如果被不断地重复，就会被存在长时记忆中，没有重复的信息依然会被遗忘。当然，有一些信息，因为印象过于深刻，我们只看到一次，就被保存到了长时记忆中，也是可能的。

所以，我们现在知道了，瞬时记忆受感知觉能力的影响，并决定了最终会有哪些信息可以被转化为短时记忆和长时记忆。

因此，可以说，感知觉能力是孩子记忆力发展的前提条件，瞬时记忆是孩子记忆力的基础要素。

短时记忆受注意力的影响，决定了记忆速度的快慢。同时，长时记忆由短时记忆转化而来，短时记忆也是形成长时记忆的基础。短时记忆的记忆效果和质量会直接影响到孩子的长时记忆。

长时记忆受"重复"因素的影响，决定了记得牢不牢的问题。孩子长时记忆的水平最终会影响他在"知识学习"和"技能学习"上的发展。

瞬时记忆的能力可以通过培养孩子的"感知觉能力"来提

高。良好的感知觉能力直接影响感官接收到的信息量。在第五章我们对感知能力的训练方法有很详细的介绍，家长朋友可以再复习一下相关内容。

而家长们一般关心的有关孩子记忆力的问题，基本上都是属于短时记忆和长时记忆的范畴。

那么，短时记忆和长时记忆之间为什么会存在保持时间上的区别呢？下一节我们将重点介绍。

第二节　长时记忆与短时记忆的区别

短时记忆主要由前额叶和外侧裂附近的脑区负责。而长时记忆则跟海马体以及其他一些知觉皮层有关。海马体将来自短时记忆阶段加以复述的内容进行加工后，再将这种信息传输到大脑皮层中的一些相关部位做更长时间的存储。视觉信息就存储在视觉皮层，听觉信息就存储在听觉皮层。因此，海马体是负责长时记忆的存储转换和定向功能的部位。

由此我们可以发现，长时记忆来源于短时记忆的长时间存储。因此，短时记忆就成了记忆的整个过程中很关键的一个环节。那么，我们家长应该如何了解自己孩子的"短时记忆"发展到什么水平呢？

短时记忆有一个非常重要的特点，就是它的容量是有限的。有研究者曾经对成人的记忆力做过这样一个实验：给每一个参与

实验的人看十几个数字，或者十几个汉字、字母之类的记忆材料，30秒钟后，要求他们回忆起看到过的记忆材料。

结果，大部分人能够记住5～9个记忆材料。

这些记忆材料，除了是数字、字母、汉字，也可以是英文词语、几何图形等。在心理学中，它们被称为"组块"。一般成年人的记忆容量是7±2个组块。

当然，对于孩子来说，他们的短时记忆容量要相对成人少一些。随着年龄的增长，孩子可以记住的东西越来越多，记忆容量也越来越大，逐渐接近成人水平。

有研究表明，3岁左右的孩子能回忆的组块为2～3个；

到了5岁，孩子逐渐掌握了一些记忆方法之后，可以记忆4～5个组块；

7岁时，能到达5～6个组块的程度；

9岁时，为6～7个组块；

等到11岁时，基本就是7个组块左右了。

从这里可以看出，9岁和11岁孩子的记忆力要明显比7岁孩子的记忆力好。但是9岁和11岁孩子之间，他们的记忆力没有太大的区别，甚至和成人的记忆力相比也没有很大的差距。这也说明了5～9岁的年龄阶段是孩子短时记忆容量迅速发展的关键时期。

孩子能够记住的组块数量决定了他的"短时记忆"容量，容量越大，其短时记忆的发展水平就越好。所以，要提高孩子的短时记忆水平，我们首先要想办法扩充孩子的短时记忆容量，也就是提高孩子在同一时间能记住的组块数量。

那么，具体该怎么做呢？我们先来看国外研究者做的一个实验：

研究人员把参与实验的人分成三组，分别记忆三种不一样的内容。

第一组的记忆内容是随机的3个字母组成的无意义字母组合，一共3个组合。（如，P-T-K，J-L-Z，Y-F-H）

第二组的记忆内容是3个有实际意义的3个字母单词。（如，hat，dog，leg）

第三组的记忆内容是由3个单词组成的3个单词组合。（如，you-bag-fly，pay-air-man，ago-job-fix）

结果发现，记忆有实际意义单词的第二组记忆效果最好。而记忆单词组合的第三组和单纯字母的第一组的记忆效果差别不大。

这个实验结果告诉我们：

首先，人对有实际意义的材料的记忆效果要比没实际意义的好得多，记得更牢固。

因此，我们可以说，如果各位家长想要给自家孩子记忆什么内容，最好给他的记忆材料赋予意义，这样孩子记起来会更快，而且也不容易忘。

其次，对比第一组和第三组的实验结果，这两组最终的记忆效果相差不大。但是，如果从记忆字母的数量上来看，第一组是记忆单个字母，第三组是记忆单词组合，在相同的时间内，第三组一共记了27个字母，而第一组只记忆了9个字母。

所以，我们在让孩子记忆的时候，可以尽量通过有意义的联

结,让每个组块内的内容多一点。比如,让孩子记古诗"床前明月光,疑是地上霜",把这句诗拆成"床前—明月光,疑是—地上霜"来记忆就比拆成"床—前—明—月—光,疑—是—地—上—霜"来记忆效果要好。

第三节 是什么造成了"忘记"与"记错"

"菲菲,把你昨天晚上背的诗再给妈妈背一遍。"

"啊?好,好吧。"听了妈妈的要求后,菲菲咬着嘴唇努力回忆道昨晚背的古诗,可是却什么都想不起来了。过了好久,菲菲才憋出了一句话:"……窗外有月光?"

听了菲菲的回答,妈妈只觉得又好气又好笑:"是床前明月光,什么窗外有月光。这首诗你昨天不是背得很熟吗?怎么才过了一个晚上,你就把它全忘光了?"

很多家长都会奇怪,为什么孩子经常出现"忘记"和"记错"的情况?其实原因很简单,就是因为大脑中的长时记忆,发生了量变和质变这两种形式的变化。

其中的量变是指存储信息的数量,随时间的推移而逐渐下降,就是我们俗称的"忘记了"。德国的心理学家艾宾浩斯在著名的"艾宾浩斯遗忘曲线"的实验中发现,人们在从开始学习的那一刻起,就已经开始遗忘了。

这也恰恰说明了及时复习的重要性。由于遗忘的速度是先快后慢，所以，我们如果能在刚学习完就马上复习，记忆效果肯定要比两三天之后再来复习好很多。

比如，孩子上午上了一堂钢琴课，学习了一些乐理知识。那么，下课以后在回家的路上带他迅速复习，效果就要比他当天晚上回到家复习的效果好。而当天晚上在家复习的效果，又会比一周后再来复习的效果要好。

根据艾宾浩斯遗忘曲线，我们制定了6个复习时间点。分别是5分钟、30分钟、12小时、1天、2天、6天。家长朋友们可以根据这个时间点来给孩子安排复习时间。

下面我们来举一个背单词的例子。

第1天，孩子学习了一些单词。5分钟后，无论背了多少，马上回过头来从第一个开始复习。30分钟后，再回到第一个单词进行复习。当天晚上进行第三次复习。在接下来的第2天、第6天，再分别复习这些单词，这样可以最大限度地提高背单词的效率。

对于其他学习内容，家长朋友也可以使用这样的方法，帮助孩子高效记忆。

了解了长时记忆的量变，也就是"忘记了"的问题。我们再来谈谈长时记忆的第二个变化——质变，即"记错了"的问题。

为什么我们生活中会出现"记错了"的情况呢？那是因为我们记忆当中的内容会随着时间的变化而淡忘，受我们的知识储备

和生活经验的影响，大脑会自动修补记忆，但肯定会和原本的记忆有所不同，这就是我们常说的"记错了"。

比如说，我们记的某些东西非常复杂，时间久了，记忆中的内容会逐渐变得简略和概括，那些不重要的细节慢慢就没了。

而当我们记的东西比较简略或无法让人理解的时候，大脑会自动将记忆修补得更加完整、更加合理、更加有意义，内容变得更加具体，或者更为夸张和突出。

有一个实验体现着记忆的变化：

每一个参加实验的人，都先看了四个图形。然后测试者告诉第一组，这些图形分别是"瓶子—月牙—蜂箱—眼镜"，告诉第二组这些图形依次是"灯罩—字母C—帽子—哑铃"。

一段时间后，让两组实验者画出图形。

从实验结果中，我们可以发现，人的记忆水平跟他当时所处的环境密切相关，并且在长时记忆系统中的信息也会随着时间的变化重整、建构以及再加工。

第四节　短时记忆：怎么做，孩子才能记得快

记得快，顾名思义是让孩子掌握短时记忆的方法。下面给家长朋友们推荐几个科学的记忆力提升游戏。

一、倒背如流（3~4岁）

不知道大家还记得前面介绍过的扑克牌游戏吗？其实，那个游戏除了训练孩子注意力之外，也是一个训练记忆力的好方法。只不过，扑克牌游戏更多的是从视觉上来训练孩子的记忆力。

说到这里，特别值得一提的是，每个孩子在记忆方面的侧重点都不太一样。有的可能偏重视觉、有的可能偏重听觉，有的孩子可能对文字方面的内容记得特别清楚，而有的孩子对形象的事物可以做到过目不忘。所以对家长来说，根据孩子在记忆方面的侧重点进行相应的训练，可以更好地促进孩子记忆力的发展。

今天我们就来介绍一个从听觉上扩充孩子短时记忆空间的方法——倒背如流。

背数字是一个扩充短时记忆空间的好方法，不过孩子一般可能不太愿意背东西，所以我们今天介绍的背数游戏加了一点趣味：倒着背！这样孩子会更喜欢。

这个游戏在孩子3~4岁时就可以玩了。

第一步：让孩子仔细听，家长随机说3个数字，比如：5、7、4。

第二步：让孩子迅速按照倒序背一遍，比如：4、7、5。

这里要注意的是，家长说的3个数字之间最好不要有孩子可以发现的任何规律，比如："1、2、3"或者"3、6、9"这样顺序的规律。因为如果一旦孩子发现了这些规律，他就依赖规律来背数字，而不是依靠记忆来背这些数字了。

倒背的数字数量也可以根据孩子的进展而有所增加，比如增加到4个。

当然，倒背的内容也可以是水果名称，或者是颜色，或者是其他任何物品。比如：苹果、香蕉、梨，或者绿、紫、白、黄等。

二、拓展同时记忆空间（3~4岁）

同时记忆，就是在同一时间能记住多个事物的能力，这个训练的目的在于扩充孩子短时记忆的容量。这是需要从小培育的，在孩子3~4岁时，就可以着手训练了。

第一步，准备4个不同的实物，比如：玩具小汽车、手机、山楂、积木等，先用布盖着。

第二步，揭开盖布，让孩子很快看一眼，一般不要超过4秒钟，然后迅速拿布盖住。问问孩子刚才都看到了哪些物品。

类似的训练只要多做，效果就会很明显。经过一段时间的训练，就可以把物品的数量增加到5个。如果孩子记忆5个也没问题，就可以继续增加物品的数量。但如果发现孩子记不住，那么应该减少要记忆的内容。基本原则是要让孩子总是能够从游戏中获得成就感。

这个游戏也可以有另一种玩法。

准备开心果一类的小物件，撒在地上，让孩子看一眼，然后迅速用手把开心果撤走，让孩子回答刚刚撒在地上的开心果有几个。

三、空间位置记忆（3~4岁）

空间位置记忆对于人类的生活、工作和学业都很重要，是人类的一种基本生存本能。空间位置记忆，包含人类视觉信息处理中最重要的两个内容："是什么"和"在哪里"。

研究发现，人类大脑对于这两个内容有不同的通路，通过训练，加强两条通路的联结，可以有效提高大脑处理信息的速度和效能。孩子在空间位置记忆方面有着很大的潜力可以挖掘，在孩子3~4岁的时候就可以开始训练了。家长可以先从下面这个比较简单的游戏开始，以后慢慢加大难度。

第一步：准备两张图片，其中一张图片上画6个花盆，花盆里有3朵花开了，3朵花还没有开。另一张图片跟刚才那张图片一样，也有位置一样的6个花盆，只是花盆里是空的，没有花。

第二步：把第一张有花的图片给孩子看3秒钟，然后拿走。

第三步：把第二张没有花的图片给孩子，让孩子指出开花的是哪3个花盆。

相信大家已经看出来了，刚刚这个游戏训练的是让孩子在6个位置中找出3个物品的位置。随着孩子记忆的加强，家长可以根据孩子能力的进展，不断地增加记忆的负荷，加大训练的难度。比如，记住9个位置中4~5个物品所在的位置、12个位置中6~7个物品所在的位置等。

四、三维空间位置记忆（6岁以上）

当我们在外面，或手边没有纸笔，无法进行纸面上的空间位置记忆时，可以引导孩子对现实中的物品进行空间位置的记忆，也就是三维空间位置的记忆训练。

比如，如果在公园，可以让孩子观察周边3秒钟，然后让他闭上眼睛，说出周围有什么建筑，建筑旁边有什么植物，植物有几棵，植物旁边有什么人等。

当然，这个游戏跟纸面上的游戏比，难度其实是有所增加的，主要适用于6岁以上，或语言表达比较好的孩子。

第五节　长时记忆：这么做，孩子才能记得牢

很多家长朋友都会有这样的疑问：为什么有些课文或单词孩子当时记住了，可没过多久就全忘光了。其实，这是因为孩子的记忆方法存在问题。在了解短时记忆的训练内容后，我们来一起探寻让孩子"记得牢"的长时记忆方法。

一、多通道记忆法

这个训练方法的原理是由记忆的过程和长时记忆的特点所决定的。前面我们讲过，海马体将来自短时记忆的信息分别储存在不同的大脑皮层和分区，比如视觉信息存储在视觉皮层，听觉信息就存储在听觉皮层。

所以，如果我们想要记住一段文字，可以一边看、一边写、一边念出声音来，就能同时刺激到分管视觉、听觉、语言等的多个脑区，相当于同一个记忆材料用了三种方式记忆，当然就会记得更牢了。

二、联想记忆法

联想是我们学习和记忆的基础，没有联想，我们很难学习和记忆新的事物。这个能力越发达，我们掌握的东西就越多，学习的内容就记得越牢固。

联想记忆法有很多种类型，我们这里介绍几种，家长们可以举一反三。

1.形象联想记忆法

这种方法是把所需要记忆的材料，同某种具体的事物、数字、字母、汉字或几何图形等联系起来，借助形象思维加以记忆。

形象联想既有利于激发孩子的兴趣、调动孩子学习的积极性，又有利于加深记忆。

比如，中国的地图轮廓像一只昂首挺胸的大公鸡。这就是从图形形象联想记忆。

2.相似联想记忆法

这种方法是根据事物之间在性质、成因、规律等方面的类似之处而建立起来的记忆方法。通过相似联想，有助于我们发现事物的共性，强化记忆。

当一种事物和另一种事物相类似时，往往会从这一事物引起对另一事物的联想，把记忆的材料与自己体验过的事物相联结，记忆效果会更好。

比如，孩子学习认字时，可以把字形、字音相近，能互相引起联想的字编成一组，比如把"扬、肠、场、畅、汤"放在一起记，把"情、清、请、晴、睛"放在一起记。

前一组的汉语拼音后面都是"ang",后一组的汉语拼音后面都是"ing",找到共性,就可以学得快、记得牢。

同样的,学习外语单词、背古诗也可以用这种方法。

3.想象联想记忆法

想象联想记忆法,是利用不同的脑半球来记忆的方法。

当我们阅读一些文中附有插图、图表之类图文并茂的书籍时,大脑左半球读字、右半球读图,学习起来记忆就特别深刻。反之,阅读那些纯文字的书报时,因为只使用了大脑左半球,而右半球闲着,记忆就不如同时使用大脑两半球深刻。

这个道理告诉我们,在记忆时要改变只用词语进行逻辑思维的习惯,按照所学的材料或事物的内容,同时进行形象思维,这样能增强记忆。

举个例子。现在我们要记随机的几个词:苹果、电脑、桌子、垃圾桶、驴。

看起来这几个词似乎是风马牛不相及的,但我们运用想象联想记忆法,就能让孩子轻松记住这几个词。

引导孩子想象闻到了一阵苹果的香味,看到一个大大的红色的苹果,有人伸出手在电脑键盘上打字,白色的电脑放在一张黑色的桌子上,桌子是木头的,敲上去硬硬的,会发出砰砰的声音,桌子的旁边放着一个垃圾桶,垃圾桶的造型是一头驴,驴长着一双大耳朵,一旦有垃圾扔进去,它就会发出"ao"的叫声……

在练习的过程中，尽量引导孩子运用听觉、视觉、嗅觉、味觉、触觉等五感来加强想象，运用练习得越多，大脑就越熟悉这种练习，也就越容易记住自己想象的场景。

延伸拓展

一个人的智能发展是一条先快后慢的曲线。美国著名心理学家布鲁姆曾得出一个结论：如果把一个人17岁时的智能看作100，那么，他在1岁时智能就发展了20%，4岁时达到50%，8岁就完成了80%，13岁达到92%。

人的智能的发展可分为四个阶段，即感知运算、前运算、具体运算以及逻辑思维。

根据脑的结构与机能之间的联系，经过大量的临床研究和实验室实验，苏联神经心理学家鲁里亚博士将人脑分为了三个基本的功能区。

第一基本功能区指的是大脑的中心部位，掌管人的觉醒状态，负责人的注意活动，提供了认知和心理活动的操作背景，调动着人的注意力。

第二基本功能区是指大脑皮层在中央沟和外侧裂之后的部分，包括枕叶、颞叶和顶叶。此外，这个区域内还有一个按解剖和功能的分化程度不同而形成的三级组织：感知觉初级区、感知觉二级区和感知觉三级区。我们之前提到过枕叶负责处理视觉信息，颞叶掌管人体的听觉活动，顶叶负责躯体感觉，而感知觉初级区负责感觉的形成，感知觉二级区负责知觉的形成，感知觉三级区负责的是对与语义相关的信息的处理，因此，第二基本功能区的作用就是接收各类信息,并将它们联系起来,在感知觉的基础上,完成对各种事物的认知。

第三基本功能区指的是中央沟和外侧裂之前的部分,也就是额叶,是大脑运动皮层所在的区域。第三基本功能区中也存在一个按解剖和功能的分化程度不同而形成的三级组织,即额叶初级运动区、运动二级区和额叶三级区。这部分脑皮层是人类大脑皮层中最晚进化出来但也是发展最为迅速的部分,除了运动发展的机能外,还有很多与人类社会化功能以及组织、计划和控制等高级心理机能联系在一起的其他机能。第三基本功能区能够依据第二基本功能区的信息处理结果,进行组织、计划和控制,完成人对各种事物的反映活动,并对脑的各部分活动进行统合。

根据苏联心理学家鲁利亚提出的脑功能发展的神经心理历程这一阶段学说,我们可以了解大脑的三大基本功能区的发展历程。

怀孕3个月时,胎儿的第一基本功能区开始发展,大致到出生后12个月时结束。第一基本功能区的形成极易受到影响,如果发育时间不足如早产,就很有可能出现一些问题。

第二和第三基本功能区中的一级区的发展是在妇女怀孕3个月到幼儿出生后1周岁左右,从其发展的时间和内容来看,与智能发展的感知运算阶段是一致的;二级区的发展则是在怀孕3个月到孩子5岁,相当于感知运算阶段和前运算阶段的结合。

从孩子5岁到12岁,第二基本功能区的三级区开始发展并完成,大脑的这一发展时期相当于智能发展的具体运算阶段。12岁到25岁,是第三基本功能区三级区的发展阶段,相当于智能发展的逻辑思维阶段。

对比智能的个体演化阶段和脑功能发展的神经心理历程，我们可以看出，两者是相互吻合的，而这也给了我们一些在教育方面的十分重要的提示，比如，人在幼儿园阶段的关键期与人脑第二、第三基本功能区中的一、二级发展一致，对于幼儿园阶段关键期的利用应该体现在如何促进和发展人脑的第二、第三基本功能区中的一、二级区。

智能的个体演化阶段和脑功能发展的神经心理历程相互吻合，是我们进行脑功能开发的重要理论基础，上述知识可以让我们清楚地知道大脑的各种认知和智能活动是有系统地进行的，而我们训练和开发大脑正是在训练这样一个系统。

第四部分
生活能力

第十一章 自控力
——什么样的孩子将来最有出息

第一节 什么是自我控制力

很多妈妈都有这样的苦恼：每次带孩子去超市，都会引发一场"大战"。只要孩子一看到货架上的玩具或零食，就会施展各种招数，软磨硬泡地要妈妈买给她。如果妈妈拒绝自己的要求，孩子就会撒泼打滚、大哭大闹……

这些妈妈们不是没有跟孩子订立过规则，每次出门前，孩子都能答应得好好的，但只要一看见玩具，什么规不规则的就全不记得了。

与此类似的还有，孩子吃饭吃到一半，跳下凳子满世界乱跑；作业没写完，非要看动画片、打游戏等。孩子想要得到一件什么东西，或者想要做一件什么事，就必须马上得到满足，否则就会引发不良情绪。以上这些现象往往是因为孩子的自我控制能力发展不足。

那么，自我控制能力到底是什么呢？

20 世纪 60 年代，美国斯坦福大学的沃尔特·米歇尔博士曾针对孩子的自控力进行研究，在幼儿园进行了一系列经典的"棉花糖实验"。

在实验中，接受实验的孩子可以选择立刻得到棉花糖作为奖励，或者选择等待一段时间（通常为15分钟）之后，得到相同的两样奖励。

在实验和之后的跟踪调查中，米歇尔博士发现，那些能够坚持忍耐更长时间的孩子，通常具有更好的人生表现，如更好的学习成绩、身体质量指数以及其他指标。

在这个"棉花糖实验"中，孩子是否能够抵挡住棉花糖甜甜的味道，是否能抑制住"现在就想要吃点棉花糖"这个念头的冲动，就属于"自我控制"的范畴。

自控力，是指个体自主调节行为，并使行为同个人价值和社会期望相匹配的能力，它可以引发或制止特定的行为。自控力包括：**抑制冲动、忍受挫折、抵制诱惑、坚持性、自觉性、监督与调节、延迟满足等**。

抑制冲动：抑制自己冲动的情绪和行为，例如发脾气、哭闹和任性。

忍受挫折：遇到挫折或者失败的时候继续完成任务的忍耐性。

抵制诱惑：做事情的时候不受外界事物干扰的能力。

坚持性：在行动中坚持不懈地克服一切困难和障碍，完成既定目的的品质。

自觉性：对行动的目的和动机有清楚而深刻的认识，即使在无人监督的情况下也能坚持原则，使行动达到既定目的。

监督与调节：当发现自己的认识、情绪、行为与社会规范发生矛盾时，主动调节自己，使之符合社会规范的能力。

延迟满足：为了更有价值的长远结果而放弃即时满足的抉择能力。

简单来说，自控力就是"我想要""我要做""我不要"三种力量的总称。

拿减肥来说，"我想要减肥"，这是在想法上的一个欲望，是没有付出任何实际行动前的一种冲动。接下来，就有了"我要做运动"或是"我要去跑步"的进一步想法，甚至产生了"我不要再吃甜食了，我不要再喝汽水了"这类想法。自控力，就是实现上述三个想法的能力。

关于自我控制的脑机制，主要同大脑的边缘系统和额叶相关。

作为大脑神经架构中各司其职的两部分，大脑边缘系统，容易被眼前所感知的诱惑所吸引，而额叶皮层则会专注于那些能给我们带来长远好处的事情。

不过，要等到25岁的时候，孩子的大脑额叶才会发展成熟，所以，孩子的自控力也是要等到25岁才能够真正发展成熟。

不过，孩子在不同时期会出现不同的自控能力，而且每个孩子因为性格的不同，会在自控力方面呈现出不同的特点。但是，有一些方式能让孩子尽快培养起自控力。

比如当父母呼唤孩子时，可以要求孩子"父母呼，应勿缓"。也就是告诉小朋友当家长呼唤自己时，一定要及时过来做出答复，不要拖拖拉拉地不给予应答。这是《弟子规》中的要求，也是父母在培养孩子自控力时的良好借鉴。生活中，一些小朋友总是表现得懒洋洋的,虽然每天都无所事事,但爸爸妈妈叫他们时,他们却好像很忙一样不懂回应。此时,如果爸爸妈妈表现出无所谓的样子,那以后就很难在孩子自控力方面做出规范。

除了这种方式外,家长也要注意自己引导孩子的态度,绝大部分孩子都不喜欢被父母指指点点,不希望自己的行为受到父母的"挑衅"。所以,家长要让孩子知道自己的本意是为了他们好,而不是单纯指责他们。

在一般情况下,3岁之后,随着孩子感知觉能力、语言能力、记忆能力等各项能力的不断发展,孩子的自控力也会随之发展。但受其他能力发展水平的限制,孩子自控力的发展水平也会出现差异。

这个时候,自控力发展水平不足的孩子,就会经常表现出容易发脾气、容易冲动、哭闹难哄等状况。

整体上来说,在2~6岁的年龄阶段,孩子的自控力发展水平会逐渐升高,在8~10岁时发展趋于平缓。从孩子自控力发展的整个阶段来看,在同一年龄段,女孩的自控力水平一般都会高于男孩。值得注意的是,3~4岁孩子的自控力发展水平会极大地影响到这个孩子成年之后的社会适应情况。

国外有一项历时十多年的追踪调查,结果显示,那些在小时候自控力就比较强的孩子成年之后,会比那些小时候自控力相对较弱的孩子更加冷静、更加自信、更加专心、更加能够耐受挫折,并拥有更强的学习能力、更高超的社交能力。

而那些小时候自控力相对较弱的孩子,随着年龄的增长,会更容易诱发适应性问题。例如,不遵守纪律、富有攻击性、不善

于社交、心理承受能力差等。

有一点需要家长朋友们注意，尽管加强孩子的自控能力训练能够有效减少孩子打人、违纪和情绪等方面问题，但如果孩子过度自控，那么等到了青春期时，就很容易引发自卑心理，容易造成严重的社交退缩问题。

第二节　是什么影响了孩子的自控力水平

1.孩子的认知能力影响自控力

影响孩子自控力的因素中，最重要的因素是孩子的认知能力发展水平，包括语言能力和专注力。其中，语言能力尤为重要。

苏联心理学家维果斯基曾提出：在孩子能把成人所提出的标准整合到他们自己的语言当中，并且可以用它来指导自己的行动之前，孩子不会有真正的自控。

因此，孩子以语言控制行为的自控能力有3个发展阶段：

第一个阶段是0~3岁：这个时候的孩子，因为认知能力刚开始进行发展，不具备自控能力，所以需要通过父母的语言来帮助他们控制自己的行为。

第二个阶段是4~7岁：这个时候的孩子，认知能力基本发展成熟，但是由于孩子长期以来习惯了外部语言对他行为的控制，所以此时孩子在进行自我控制时，仍然需要自己发出声音。

第三个阶段是8~10岁：这个时候，孩子已经可以把语言控制内化成为自己的心理活动了。所以，这个时候的孩子在进行自我控制的时候不再出声，而更多是内部言语控制，在心里默默地想。

2.父母的管教方式影响孩子的自控力

在孩子的成长过程中，父母对孩子的管教行为会使孩子产生"依赖性"。

父母管教的持续年头越长，孩子越会习惯于这种外部的控制，也就越难以发展其内在的行为标准，并用来指导他们关于自我的行为。

一旦孩子离开了特定权威人物的直接监督，他们就失去了判定自己行为的工具。

因此，当父母对孩子表现出过多的"奖惩"管教时，孩子自我控制的行为就会有所减少。而且，遭受家长体罚管教较多的孩子，自控力往往比较差，最有可能违反家长的指令而去碰那些危险或易碎的物品。

在日常生活中，当孩子冲动、任性、没办法管住自己的时候，比如在超市里吵着闹着要买玩具，这时家长不要急着通过"奖惩"的方式让孩子听话，而是应该很明确地"拒绝"他，并且很明确地告诉孩子，他此时这种冲动和任性的行为是错误的、是不合理的，并且要向他解释清楚，错在哪、为什么错、应该怎么做。

只有适度地拒绝孩子不合理的要求，让孩子认识到错误所在，他们才可能发展自己内在的行为准则。

不过值得注意的是，拒绝并不是忽视，千万不要不理他。忽视对于孩子内心的伤害要比体罚更严重。

同时，父母要起模范带头作用。常言道：父母是孩子的第一任老师。模仿是孩子的天性，良好的带头作用，可以在潜移默化中教给孩子正确的做法。有的父母是"宽于律己，严于律人"，对自己的行为很是放纵，却对孩子严加管教。但孩子在成长过程中会把父母的行为当作示范榜样，模仿父母的做法。比如，家长一边教育孩子不要总沉迷于动画片和游戏机，一边整天捧着个手机刷微信、刷微博、刷淘宝。这种言行不一的做法会给孩子良好行为习惯的养成造成极大的负面影响。

所以，父母加强自己的自控力，也是培养孩子自控力发展的一个必要条件，希望各位家长重视这个"模范带头作用"。

第三节　孩子这些被忽视的行为，都是因为自控力弱

"孩子不会自己×××，等长大了就好了。"

"孩子还小，不懂×××，等上学了就好了。"

我们总以为好习惯、好品格等到孩子长大自然就养成了，真的是这样吗？你真的认为，孩子的自控力是随年龄增长就自然具备而非培养出来的吗？天真无邪的孩童在诱惑和是非面前，如果不加以引导，不予以重视，就会失控。因此，千万别忽视下面这些行为。

1.爱拿不属于自己的东西

当孩子有了"这是我的"的概念时，很多问题也随之暴露出来。他很享受东西抱在自己怀里的感觉，但他可能还分不清楚，什么东西是属于他的，什么东西是不属于他的。

案例1：丫丫5岁了，超级喜欢芭比娃娃，我平时没少给她买。带她去朋友家里玩，回来的时候，发现几双从来没见过的芭比娃娃鞋子。我有点小紧张：这鞋子不会是丫丫偷偷从朋友家小朋友那里拿来的吧？家里明明有很多了，她为什么还要拿别人的？别人发现了会怎么看丫丫？

案例2：家里的小捣蛋上幼儿园大班，最近老是有小朋友和老师告状，说他偷拿小朋友的零食。老师经过观察发现，小捣蛋确实有小动作，但小朋友向老师告状时他并不害怕和害羞，反而觉得很好玩。

案例3：7岁的麟麟和爷爷路过一家玩具店，麟麟看中了橱窗里的一款遥控车，缠着爷爷给他买，爷爷没同意，说要回去征求妈妈的意见。麟麟哭闹了一阵，情绪低落地和爷爷往回走。没走多远，他看到地上有一个漂亮的悠悠球，便捡起来玩，他问爷爷："我可以把这个带回家吗？"爷爷说："那是别人的。"麟麟说："那一定是别人不要了才出现在这里的，我们拿回家吧。"说完，就拉着爷爷往前走。

相信这些案例对家长们来说并不陌生。其实，小孩子之所以爱拿不属于自己的东西，很大程度上是因为他们缺乏自控力。

关于自控力，凯利·麦格尼格尔说，自控力就是驾驭好三件事情"我要做""我不要"和"我想要"。其实，小孩子是没有"偷"这个意识的，当他们看到喜欢的东西就摆在面前时，一个声音会从他们的小脑袋里蹦出来，那就是"我好想要这个"或"它是我的该多好啊"，并认为这种想法是理所应当的，不会去控制这种想要把好的东西据为己有的欲望。所以作为家长：

一是要尽可能给孩子展示，让孩直观地明白哪些东西是自己的，哪些东西是别人的，哪些东西是公共的。要让孩子懂得拿别人的东西需要经过别人的同意，不可不经允许的碰触。

二是当孩子明知故犯，并把不属于自己的东西拿回来时，要鼓励他把东西还回去。

三是平时注意培养孩子待人接物的方式，可以和孩子多做一些游戏，在你拿他的东西或者是玩具的时候，可以对他说："这个玩具可以让我玩一下吗？"等到孩子同意了，再去拿他的东西，让孩子感受到尊重别人才会得到别人的喜爱和接纳。在这样的影响之下，孩子就会在潜移默化当中养成好习惯。

四是大部分孩子能够暂时抑制冲动、抗拒诱惑的原因主要是希望受到别人的表扬。当孩子模仿你的样子学着在拿别人的东西之前征求意见的时候，记得不要吝啬鼓励！

2.爱打架

案例

在《妈妈是超人》的真人秀节目里，有一次梅婷带女儿快快去超市买东西，当时快快手里拿着一个气球，旁边的一个路人小妹妹看到后也想要玩，可当她把手伸向气球的时候，却遭遇快快一个飞快的手夺和一记猛打。小孩子控制不好力度，小妹妹当时就哇哇大哭。梅婷在旁边一直劝说快快让其道歉，说打人是不对的。但是快快坚持说自己没打人，不肯认错，还委屈得直哭。梅婷心软了，她认为孩子还小可以慢慢教育。但是梅婷的老公却把这件事当作一件大事，他说打人不管什么时候都是不对的，他通过剧组找到了被打的小朋友，快快在父亲良好的教育下，主动说出了"对不起"三个字，并很快和小妹妹和好了。两个孩子脸上都露出了笑脸。

梅婷说："也许在孩子眼里这只是一种打闹，毕竟成人无法理解孩子的世界。但我们还是要教育快快做错了事情就一定要向别人道歉。希望她可以慢慢地成长。"

小孩子之间经常会发生冲突，他们可能因为抢玩具，或者是相互争抢领地，又或者是玩笑开过了头，引发肢体上的冲突。家长们在孩子大打出手前，一定要保持冷静，可以在旁边先观察一会儿，不要过分地干涉，尽量让他们以自己的方式去解决。小孩子之间的争吵就好比夫妻之间的争吵，床头打架床尾和，也许没过多久，他们就又会高兴地玩在一起了。若孩子们打得不可开交的时候，父母再干涉，最好是将他们拉开，进行适当的批评教育，但最终还是要让他们自己解决。这样不仅可以培养孩子的独立意识，还能够让孩子在打闹的过程中自己去摸索和把握分寸，提高自控能力。

由此可见，孩子之间打架也并不完全是一件坏事。在他们打

架的时候，他们的自我意识也在飞速发展。互相抢玩具的过程让他们处于一个激烈的竞争环境当中，在这样的环境当中，他们的心理发育水平会得到提高，他们会懂得珍惜友情，明白拥有的一切都来之不易，也学会了用恰当的方式保护自己的利益。但是正常的打闹和恶劣的打人行为是两回事。孩子打架是一个边缘性的问题，也是对自控能力的考验：原则是不能让自己和其他小朋友受伤。父母一定要把握好度，注意引导孩子采用非暴力的方式解决问题。

3.爱破坏

案例1：某宝妈："我家孩子最近刚学会走路，经常迈着不太利索的脚步走来走去，逗得全家人都非常开心。但是各种'破坏'行为也随之而来，家里面所有的东西好似一下子都变得不安全起来。有的时候，真想狠狠揍他一顿。但是每次看到他无辜的表情时，抬起的手就又落了下来，真不知道该如何是好。"

孩子的破坏行为有时并不是有意为之，而是成长过程中的一个必经阶段，是好奇心和探索欲望的萌动，也是自控力缺乏的体现。

案例2：某园长："我们幼儿园有一个孩子，有一阶段就是扔东西，每天都扔。

那段时间，幼儿园班级里面的毛巾，十几条、十几条地不见，哪儿都找不到。后来发现马桶堵住，水不停往外面溢，等我们把修理师傅请来时，师傅一钩就钩出一堆毛巾。这个状态持续了很久。后来班主任老师想到一个办法，叫他负责扔垃圾，教室里的垃圾不够了，就把全校的垃圾都包给他，让他来扔。结果这个孩子每天扔得不亦乐乎。一下课就主动跑来办公室，然后提着垃圾出去。结果不到一个月，孩子不扔东西了，这个阶段也过去了。"

上述案例2中的孩子可能因为某件关于"毛巾"的事情让他受到伤害。所以，他一看见"毛巾"就会浑身不舒服，扔掉它好像就能够把不好的情绪发泄出去。"扔垃圾"的办法这就是把"破坏力"转化成"生产力"。一旦转化成"生产力"，就能把孩子的无意识的状态上升到一种有意识的行为，从而帮孩子起到自我控制和约束的作用。

第四节 培养孩子自控力应该从几岁开始

美国心理协会的调查研究表明，孩子的自控力缺失是影响他们完成目标的最大挑战。美国心理学家安吉拉杜克沃斯教授曾通过全国性拼字比赛对儿童进行了全方位观察，同时，她也对美国宾夕法尼亚的优秀人物做了深入研究。根据研究结果，她确定了影响孩子未来的重要因素之一就是自控力，而且孩子的自控力并不是天生就有的。

我们可以看看那些还不会说话的孩子，他们是没有自控力的，因为每当肚子饿、看不见妈妈或者尿裤子时，他们就会通过哭闹的方式来表达自己的不满。

当然，孩子的自控力也是有差异的。有些孩子在 3～4 岁时，就可以很好地控制自己了，可有些孩子要等到 5～6 岁时，才会让自己的控制能力快速发展。2 岁以下的孩子是没办法控制自己的，父母在孩子 1～2 岁时就想让孩子完全自控那是不可能的；而 6 岁还不会控制自己的孩子，则是父母在管教方面失了职。

所以，父母培养孩子自控力最好从孩子 3 岁开始。这一阶段，孩子已经能很好地理解"延期满足"了。除了"延期满足"能力，自控力还包括情绪自控，比如生气、愤怒、着急、恐惧等负面情绪的自控能力；另外，自控力还包括行为自控，比如拖延、懒惰、冲动等不良行为的自控能力。用健康心理学家凯利·麦格尼格尔的说法是，自控与失控，其实相当于大脑中存在两个"自己"，一个是理性的自己，想控制自己；另一个是冲动的自己，任由负面的情绪和糟糕的行为发生。为什么你家孩子自控力差？就是因为冲动的自己在与理性的自己斗争中占据了上风。

因此，作为父母，我们最明智的做法是要让孩子把这两者区分开来，就像俗话说的，只有看清自己，才能改变自己。父母最重要的责任便是帮助孩子跳出来看清自己，引导孩子改正各种难以控制的坏毛病。

对于引导孩子，这里有一个小的案例或许可以给你一些启发。

第四部分 生活能力

案例

朱女士是一个 6 岁男孩的母亲，她有一套很好的引导孩子的方法，这种方法帮助她培养出一个非常懂事，自控力很强，且擅长与人沟通的孩子。

这套方法说起来很简单，在孩子还小的时候，朱女士为儿子准备了一些卡片，卡片上有一些情绪的名词，并配有相应情绪的图形形象。

例如，这些卡片里有一个写有生气的卡片，图画是一个正在发火的小男孩，一个写有委屈的卡片上面画的是一个哭泣的小女孩。

准备好这些卡片之后，当遇到孩子闹情绪时，朱女士首先做的是引导孩子说出当前的情绪。例如，孩子和小伙伴玩耍，被小伙伴耍赖欺骗了，这个时候孩子哭丧着脸来到朱女士面前，朱女士会问孩子"你现在感觉怎么样呢？"当孩子描述出类似于委屈的心理动作时，朱女士便会告诉孩子"你这是委屈了！好的，现在告诉妈妈，你感觉怎么样？"

孩子轻声轻语地说"妈妈，我感觉很委屈！"

然后，朱女士便会拿出委屈的卡片，让孩子识别卡片中的图画，并和孩子一起把图画描一遍。这样，一段时间之后，孩子对于自己的情绪就有了一个模糊的印象，而当下一次再冒出情绪时，孩子便能够准确意识到自己是怎么了，进而变得容易与人沟通，也就不会那么容易情绪失控了。

第五节　为什么一定要培养孩子的自控力

对于这个问题，答案不仅仅是"自控力强的孩子成绩好""自控力强的孩子心理更健康"这么简单，我们需要从各个角度去了解。

自控力好的孩子对于自己需要做的事情有着明确的认知，他们知道什么能够做，什么不能做。同时，在遇到麻烦和烦恼时，即使没有家长和长辈陪在身边，他们也能做出更好的选择。这可以算作是我们培养孩子自控力的一个重要动因。

每个人都需要学会自己对自己做主，这是自控能力的一种表现，同时也是生活习惯的一种表现。当一个孩子从小便养成爱读书的习惯后，在他成长的过程中，他便会将读书学习放在优先级，在面对玩游戏和读书两种选择时，孩子就能去选择读书，而不是沉迷游戏。

越早掌握自控能力，孩子的成长道路就会越平坦。同样年龄的孩子，有没有自控能力会影响到他们对事情的判断，以及他们的行为。

一名4岁的幼儿园小朋友，在其他孩子都午休时，自己却在床上乱蹦乱跳，吵得其他孩子也没法休息。在幼儿园老师和孩子家长眼中，小朋友的这种行为是淘气的表现，但从深层次角度来讲，孩子的这种表现其实是缺乏自控能力。

还有很多类似的事例，比如有的孩子嘴上说自己要学弹吉他，却从来没有付诸行动；有的孩子明知道课堂上不许玩手机，却依然偷偷给朋友发送信息……这些事例中的问题，在表现形式上各有不同，但其根源都是缺乏自控能力。

自控能力优秀的事例也有很多，比如，一名10岁的小朋友在家吃完晚饭后，没有坐在沙发上和父母一起看电视，而是自己回到卧室预习第二天上课要学习的内容。一名未成年的女孩子与朋友一同参加聚会，被众人劝说喝酒，但她却拒绝了众人的要求；一个孩子为了能买一款新型耳机，积攒了三个月的零花钱；一个孩子在考试中拒绝了朋友传递答案的请求。这些事例的外在表现各有不同，但却都是自控能力强的表现。

培养孩子自控能力的一个重要立足点就是让孩子具备做出正确选择的能力，有人说人的一生是由无数个选择构成的，如果孩子们的每个选择都做正确了，那他们的人生自然就会顺利起来。

也可以说，这种做出正确选择的能力，其实就是一种自我控制的能力。简单来说，当一个孩子在吃过晚饭后，安静地在书房完成自己的家庭作业，就是一种正确的选择，而如果这个孩子在没有写完作业的情况下就去看电视或玩手机游戏，那么他便是做出了错误的选择。

这种做出正确选择的能力，或者说是自我控制的能力，将会为孩子带来不同的结果。

当然，吃完晚饭是否去完成家庭作业只是一件小事，即使因为自控力不强而做出了错误的选择，对孩子的影响也并不是巨大的。但如果遇到一些特殊的选择，自控能力不强的孩子就可能会犯下大错。

举例来说，几个小朋友在河边玩耍，其中一个小朋友抢了另一个小朋友的饼干，被抢饼干的小朋友又气又急，一把将抢东西的小朋友推到了河里。由于旁边没有大人陪伴，不懂水性的小朋友全都吓得不敢动，最后落水的小朋友溺水身亡。

上面的案例可能过于夸张，但相信不少家长也从新闻上看到过类似报道。孩子因为自控能力不强，没办法好好控制自己的情绪，一时间愤怒冲昏了头脑，让他们做出了错误的选择，最终导致了惨剧的发生。

因此，趁早培养孩子的自控能力，让孩子更少做出错误的选择，是家长们应尽的义务和责任。

在与一些家长朋友们的沟通过程中我们还发现，有些孩子性格很好，也很听家长的话，但自控力却依然不强。

原因是：一个小朋友性格良好、听家长的话，并不代表他的自控能力就强。真正自控力强的孩子，是能够放弃更容易、更安逸、更可能让他享受快乐的那些选择，而做出正确的选择。这个正确的选择可能会让他感到困难、感到无聊，但他知道这种选择是对自己有益的。我们家长所需要做的，就是告诉孩子们，究竟什么才是对他们有益的选择。

现在很多家长想要让自己的孩子过上轻松自在的生活，想要让他们过得无拘无束，尽量去做自己想做的事。这种想法没有错，但在培养孩子的自控能力时，家长需要有意识地压制自己的这种想法，因为一直这样想并这样去做，很可能让孩子变得只知道做轻松的选择，而不知道去做正确的选择，这样下去是没办法培养孩子的自控能力的。

自控能力是孩子成长过程中最为重要的一种能力和品格，孩子的自控能力越强，对父母的依赖就越少。那些拥有较强自控能力的孩子，与父母之间的沟通交流更为融洽，彼此之间的情感也要更加深厚。这可以看作是家长培养孩子自控能力的另一个重要因素。

第六节　简单有效的自控力训练方法

关于自控力的重要性，相信家长朋友们都有了一个深刻的印象。接下来就给家长朋友们介绍几个简单有效的训练方法，为培养孩子的自控力助力。

一、谈条件

谈条件，是延迟满足训练的一种形式，原理和前面的"棉花糖实验"一样。这个方法从孩子 2 岁之后就可以用了。

比方说，当孩子吵闹着说，现在就要某个东西，或者现在就要做某件事情，但是家长觉得，现在做这件事不太合适，这时候，就可以跟孩子谈谈条件。告诉他，如果他答应可以过一会儿或者过几天再做这件事情的话，就给他一个额外的奖励。

和孩子谈的条件也有几个小要点。

第一个是时间。

如果孩子还太小,对于几分钟、几小时这样的时间,还没有清晰概念的时候,可以给他一个参照物。

比如,用沙漏或者带有秒针的钟表,这种可以用肉眼确认时间流逝的方式,会让"枯燥而漫长的等待"变得更加具体,孩子也更容易接受。

或者是把时间设定在每天都有的固定活动环节前后,比如放学后、晚饭前、明天早上起床时等,让孩子能更好地理解需要等待的时间。

第二个要点是小奖励。

这个小奖励不用很贵重,只要稍微有点诱惑力就行。

但一定要是额外给孩子的,不能对孩子应得的东西进行"克扣",否则会让孩子感觉你是在"要挟"他。

比方说,每天他都有1个小时的"动画片时间",不能为了让他答应你的条件而告诉他,如果你不照我说的做,就不让你看动画片了。

这里,需要特意说明的一点是,"谈条件"是一种延迟满足训练,一定要和前面所说过的,"拒绝"和"奖惩"的管教方式区分开。

"拒绝"和"奖惩",这两种管教方式是用于孩子此时不应该做这件事的时候。

而"谈条件",是用于孩子可以做这件事的时候,父母只是将时间推迟。举个例子。父母答应了孩子,暑假期间每天都可以吃一个冰激凌。某一天,到了午休的时间,孩子要求在午睡前吃一个冰激凌。这个时候，家长就可以和他谈条件：如果要现在吃冰激凌，那么今晚就只能像以前一样，听一个睡前故事。如果你能够等到午睡之后再吃冰激凌，你晚上就可以多听一个睡前故事，一共听两个睡前故事了。

这个就属于"延迟满足"。

而当某一天，孩子感冒着凉了，这个时候孩子吵着要吃冰激凌。父母就应该很明确地"拒绝"他。告诉他，在生病的时候，吃冰激凌会加重病情，不可以吃。这个就属于"管教"范畴了。

二、一起制定规则和计划

对于学龄前的孩子，父母可以和孩子一起制定规则和计划，通过建立行为契约的方式，对孩子进行行为控制。

制定一些需要孩子遵守的规则时，要和孩子商量着来，和他一起制定。在得到孩子的认同后，制定出来的规则更容易执行和遵守。一定要及时监督和约束孩子的行为，对于错误的地方要及时纠正，正确的地方也应该加以奖励。

制定合理的规则时，有以下几个要点：

第一，每条规定都需要明确、清楚，避免虚泛。

比如"去幼儿园要早上7点起床"就比"去幼儿园要早起"要明确，不要在规则里说负面、错误的信息。

比如"每次去超市只能买一样零食"就比"去超市不能乱买东西"要更容易被记住。

第二，一次只设立3～5个重要的规则。

太多的话，孩子记不住，很难一次性养成。制定计划的时候，需要注意，将有趣的内容和枯燥的内容间隔着放，这样孩子心理上会觉得，做完这个就能做好玩的事情了，可以稍微忍耐一下。这样一来，无形中也就锻炼了孩子的坚持性。

三、Go 和 No-Go 训练（3岁左右）

Go 和 No-Go 训练是一个经典的实验，用来测量孩子持续关注和响应控制的能力。我们可以把它作为提高孩子自控力的训练游戏。

孩子 3 岁左右就可以着手这个训练了。步骤如下：

第一步：制作卡片，写上规则。准备 6～8 张卡片，写上 No-Go、Go1、Go2……其中，No-Go 写"保持10秒木头人不动"。其余的卡片随意设置几个孩子力所能及的动作。比如，Go1 写"和爸爸握握手"，Go2 写"亲亲妈妈的脸"等。

第二步：快速出示卡片，让孩子按照卡片规则做动作。每出示一张卡片，孩子就要做出卡片上相应的动作。比如妈妈出示 No-Go 的卡片时，孩子就要保持一动不动，并在心里默数10秒，到时间才可以动。如果孩子在 No-Go 的时候动了，或者其他卡片做错了，就可以罚他表演个才艺，或者是让他讲个故事。

四、色词训练（6～7岁）

孩子 6～7 岁的时候，就该上小学了。

上小学跟上幼儿园不同，不能孩子想干什么就干什么，需要很严格地遵守课堂纪律。因为小学阶段的一堂课时间，要比幼儿园的长多了。孩子要能坐得住，就要求孩子具备一定的自控能力了。

前面讲到，孩子的额叶发展水平对其自控能力的发展有比较大影响。根据 Stroop 效应，人脑对字词的加工和反应速度要高于颜色，所以，让孩子辨认颜色的色词训练可以很好地促进孩子的额叶发展，提高大脑的自调性。

家长在进行这项训练之前，要先教会孩子辨认各种颜色和"红""绿""蓝"这些汉字。

家长可以自制一些，或者从网上下载一些不同颜色字的卡片，字的颜色和字的意思要有区别。

让孩子说出每一个字的颜色，不论这些字到底是什么意思。比如，红颜色的"绿"，训练的时候如果孩子读成"红"就错了，要读成"绿"才对。

第十二章 情绪控制
——如何培养一个高情商的孩子

第一节 情商是什么

情商即"情绪商数"的缩写,被誉为"情商之父"的丹尼尔·戈尔曼认为情商由五种特征构成:自我意识、控制情绪、自我激励、认知他人情绪和处理相互关系,通俗来讲,也就是五种能力,即认识自我情绪的能力、控制自我情绪的能力、自我进行情绪激励的能力、感知他人情绪的能力以及与他人友好交往的能力。

在人的幼儿时期,人脑中起主导作用的脑结构为爬行脑和情绪脑,而两者中情绪脑又占主导地位,但在那个时期,孩子由于大脑发育不够完善以及社会经验的缺乏,根本不能够认识和理解情绪的产生和作用,帮助孩子理解自我情绪进而对其进行控制并感知他人的情绪,从而提升情商,对于孩子和父母来说都具有深刻意义。

简单来讲,情商就是尽可能多地控制自己的情绪,从而更加理解他人,并增强和他人相处的能力。情商会影响到孩子生活的方方面面。当碰到同样的一个问题时，不同情商的孩子会采取不同的情绪调节策略去应对。

比如：在一项心理学研究中，孩子们被问道："如果其他小朋友都在玩一个特别好玩的游戏，但没带你玩。你感觉有点不高兴，甚至还有点生气了。这个时候，你会怎么办？"

第一种是"问题解决"策略。这类孩子会积极地询问小伙伴为什么不让他玩，并主动地加入孩子们的行列中。采取"问题解决"策略的孩子，在现实生活中能够很融洽地和小伙伴相处。

第二种是"攻击"策略。比如，他们会生气地打其他小朋友，或者直接粗暴地把玩具抢过来自己玩。采取"攻击"策略的孩子，在现实生活中往往不被其他小朋友喜欢。

还有一些孩子，使用"寻求帮助"策略，比如找爸爸妈妈出面帮忙；或者使用"发泄"策略，比如哭、闹；再有就是干脆采取"不应对"策略，比如什么也不做。在现实生活中，这些孩子的交友状况普遍表现一般。

不同的情绪调节策略还会对孩子的任务坚持性和他们的社交行为产生不同的影响。下面是3个小朋友面对同一件事的不同反应。

案例

"哇！大家快看！小绿带了冷感超人来，就是最新的那款！"小强尖声公布了这个消息。小朋友们闻言赶紧围了过来。果然，小绿手里的冷感超人闪耀着银色金属光泽，似乎在宣告它的身价非同一般。

"真好。"小文说道,"这是你妈妈给你买的吗?你妈妈肯定很爱你。一会儿能借我玩一下吗?我可以把我的异形魔方借你玩。"

还没等小绿回答,雷雷就粗鲁地从小绿手里抢来玩具:"给我玩玩!"小绿立刻带着哭腔说:"你别弄坏了,这是新的!快还给我!"

顿时班里一片混乱,在你争我夺时,蓝蓝坐在角落里喃喃自语道:"不就是一个机器人吗,我回去让我妈妈也买一个,有什么了不起的……"

从例子中我们不难想到,那些倾向于采用积极活动的孩子,具有更好的社会交往能力。

那些习惯于寻求母亲或他人帮助的孩子,以后的任务坚持性会较差,也表现出较多的社交退缩行为,比较羞怯,不爱跟别人交流。

那些喜欢采用自我安慰策略的孩子,经常会自言自语,自我安慰说"妈妈去厕所了,马上就会来抱我了""我是个好孩子""我是个大孩子"之类的话,他们的任务坚持性会比较强。

而那些经常采用回避策略,面对给零食或者别人向他走来的时候转身离开或者移开目光的孩子,往往社会交往能力较差,存在着较多的社交退缩行为。

所以,从这些实验结果可以看出,情商高的孩子,他们会更善于掌控自我、更善于调节情绪,有着很强的心理承受能力,能够用积极乐观的方式，自信地应对生活中的矛盾和事件，可以及时缓解紧张的心理状态。同时，拥有很强的社会交往能力和良好的人际关系。

现如今，越来越多的家长开始重视孩子的情商培养。因为情商的培养可以为孩子步入社会打下基础，也可以让孩子更加游刃有余地处理学校和社会关系。

那么，是什么原因造成孩子们在面对问题时所采取的不同情绪调节策略的现象呢？为什么有的孩子会控制不住情绪呢？这就是我们接下来要说到的情绪发展问题了。

第二节　为什么孩子会成为暴躁的"火烈鸟"

案 例

安安跟妈妈去逛超市，看上了一个非常可爱的芭比娃娃。可是，妈妈却以家里玩具太多且安安不爱惜玩具为由，拒绝给安安买下这个娃娃。被妈妈拒绝后，安安便在超市里撒泼打滚，大哭大闹起来。

很多家长都有这样的苦恼——为什么孩子长得像个小精灵，可一遇到不顺心的事，就会立马变身成可怕的小恶魔，闹得人不得安生？

其实，这跟孩子的情绪养成有很大的关系。情绪的识别、产生和调节的过程，对应的主要是边缘系统和前额叶。边缘系统是产生情绪、识别情绪和自动调节情绪的脑区，包括杏仁核、扣带回、海马结构等。边缘系统是我们人类产生情绪的基础，它的作用更像是人类的一种本能反应，是大脑对外界刺激的一种正常反馈。

前额叶主要是负责控制情绪冲动的功能。当某些时刻我们的情绪突然产生时，前额叶的作用就可以控制情绪的爆发。

这两个脑区，从2～3岁开始发育，一直持续到6岁达到高峰，之后发育逐渐趋缓。因此，3岁前的儿童还没有具备控制自己情绪的能力，他们很难控制自己的欲望和情感。

而3～6岁时，大脑的不断发育为儿童情绪调节能力的发展奠定了基础。这个阶段，孩子的情绪会变得越来越丰富，但是他们的情绪调节能力仍然相对薄弱。最大的特征是任性、冲动、以自我为中心、情绪稳定性差，很容易随着外界情境变化而变化。经常是上一秒两个小孩还因为争抢玩具势同水火、闹得不可开交，下一秒却又因为新的游戏而瞬间变成好朋友了。

所以，家长朋友们会明显感觉3～6岁的孩子是最难管的。当孩子的情绪调节能力不足以控制他们自己的情绪时，当他们没有足够的方法去引导和解决情绪时，他们就会对自己生气和对周围的人物和环境生气。哭闹是孩子最拿手的情绪抒发方式，所以他们会在这一阶段由小天使变成"火烈鸟"。

随着年龄的增长，孩子会渐渐掌握情绪表达的规则，逐渐从外部调节变成内部的自我调节，慢慢知道在什么样的情境下、对谁、应该表现出怎样的情绪，也一点点地学会了如何使用更加复杂的方式进行情绪调节，如问题解决、寻求支持、远离、内化以及寻求外在的原因等。

但其实一直到青春期，孩子的情绪调节能力都还处于发展的状态，仍然没有发展成熟。而且，青春期会是孩子情绪波动很大的一个阶段，这个时候孩子的情绪会变得越来越喜怒无常，并且消极情绪会急剧增加。这是因为青春期阶段的孩子，虽然生理上已经比较成熟了，但心理上却没有发展成熟。

他们会逐渐建立起成熟的人生观、世界观、价值观，开始逐渐有了更多来自自己的理解和思考，因此心事也会相应地变多。

不过青春期一般到 20 岁左右就会结束，等到真正心理上成熟之后，孩子的情绪就会变得更稳定，积极情绪也会更多。

所以说，孩子情绪能力的发展并不像一些认知能力的发展那样有比较固定的时间，而是大部分时间都处于不断地成熟、不断地变化着的状态。

因此，作为家长，在孩子成年之前，始终都要密切关心着孩子的情绪状态。孩子早期的情绪表达、情绪调节能力，会对他们青春期或者成人之后的各方面发展都有很大的影响。

第三节　无理取闹，孩子不受控制的逆反行为

随着孩子慢慢长大进入青春期，会普遍存在逆反心理，这是孩子萌发独立意识的一种表现。孩子的逆反心理状态反映到行为上就是"不受教""没耳朵""狡辩""对着干""无理取闹"等，如果他们自己不善于处理，逆反心理过重，就会产生心理压力，引发心理障碍，可能还会酿成大错。家长该如何帮助孩子收服这匹脱缰的"情绪野马"？

1.孩子的无理取闹，要温和而坚决地制止

案例

父母承诺孩子周末要去野外露营，可是计划赶不上变化，周末天气突然骤变，乌云铺天盖地。再加上工作上有一些比较急迫的事情，最终父母只好将这个计划推迟。结果，孩子大哭大闹，任凭父母如何同孩子解释，孩子都不肯原谅父母。孩子甚至打包好了，打算自己背着帐篷出去野营。父母既担心又愤怒，对孩子说："我们各自回到自己的冷静角待会儿。等想明白了，我们再商量。"

半个小时后，彼此都平静了许多。孩子认为下周去野外露营也是不错的选择，父母也履行了这个承诺。

孩子会无理取闹，一定是要求得不到满足，从而滋生了愤怒的情绪。他们会施展浑身解数：无理取闹、胡搅蛮缠，来吸引你的注意。家长们要学会温和而坚决地制止。温和就是不要对孩子采取过于暴力的措施，防止孩子变本加厉的哭闹。家长们需要有一个温和的态度，但是态度要坚决。坚决就是一定不能够满足孩子不合理的要求，一旦让孩子得逞，孩子就会认为只要用无理取闹的方式就能达到自己的目的，如果每次都这样的话，孩子就会变得蛮不讲理，到时候想要去纠正就已经很晚了。

最好的办法是让父母和孩子都积极地先暂停正在做的事情，各自在自己的"冷静角"里待一会。几分钟或半小时后，再继续商量处理之前的问题。因为孩子在哭闹的过程中是听不进去任何道理的。这个时候无论你说什么他都听不进去，与其和他发脾气讲道理，还不如给他充足的时间和空间去发泄心中的不满，让其做一些他喜欢的事情。有的孩子喜欢在阳台或院子里透透气看看风景，有的喜欢书籍玩具，有的听一会儿音乐，情绪就都很快得到缓解。

让孩子在冷静的过程中明白自己的要求是不正确的，让他们渐渐意识到自己的错误。孩子感觉好起来的时候，就是解决问题的好时机。虽然很多时候，在冷静之后问题依然很棘手，但任性的孩子已经停止了哭闹和胡搅蛮缠，学会了理智地和父母进行沟通，他的身心在无形中完成了一次蜕变，这已经值得我们骄傲了。

2.狡辩不认错的孩子，需要循循善诱

案例

几个孩子在操场上玩，一个短发女孩跑过来告状说："叮叮打我了。"妈妈就问叮叮为什么打人，叮叮说："是她先打我的。"短发女孩说："我没有打你，我想拉你一起玩。"妈妈说："人家小朋友想跟你一起玩，你不想玩就说清楚嘛，干吗打人？"叮叮发怒了："是她先打我！"妈妈生气了："你这孩子，还狡辩，不想好好玩就给我回家！"叮叮气得跑开了，妈妈在后面追。在幼儿园里，老师同学也常反映叮叮小气、爱生气，别人碰他一下他就不乐意，非要反击一下不可，小朋友经常告他的状。

从故事中我们可以看出，叮叮其实是十分聪明的，他的狡辩是出于对自己的一种保护，从妈妈的反应中我们可以看出妈妈平时对于叮叮的管教十分严格，性格颇为急躁。当有人向她告状的时候，她不管三七二十一，上来就要叮叮认错，让孩子失去对母亲的信任感和依赖感，觉得母亲靠不住，所以他选择狡辩，替自己开脱。

孩子狡辩，在很多情况下都是为了逃避惩罚、逃避责任。这和教育是有很大关系的。有的家庭可能采用非常严苛的教育方式，大吼大叫又打又骂，对孩子来说非常恐怖。可能孩子犯了很小的错就会受到严厉的惩罚，久而久之孩子就会产生恐惧心理，身心一直处于紧张的氛围当中，害怕自己犯错误，一旦犯错误就会想尽各种办法为自己的错误狡辩，不承认自己的错误，以

此来逃避惩罚和应该承担的责任。这种现象可以看作是孩子情绪的一个转移。当家长不断地要求他，在他耳边吼着"道歉道歉道歉……"，这是让他痛苦的不好受的声音，于是他就想办法转移它：不断地打断你，跟你顾左右而言他，如果这些还不够，他可能还会生气地走开以转移悲伤的情绪。

其实家长没必要立刻揪住孩子的一个错处不放，要懂得给孩子一个台阶，顺着他的思路来，循循善诱地帮助孩子一起把不良的情绪转移出去，抚平孩子的内心伤痛，耐心等孩子的心情平复后再与之沟通。这个时候孩子已经对刚才的事情不那么抵触了，他会更乐意和你聊这件事，也愿意去接受你的意见，改正错误。

3.孩子的沉默，可能是无声的抗议

案例

放学后，妈妈带着儿子去游乐园和小朋友玩耍，玩了一个半小时，天色渐渐晚了，该回去准备晚饭了，妈妈大声呼唤儿子"阳阳，别玩了，我们回家"。阳阳正和几个小朋友玩得大汗淋漓，乐此不疲，听到妈妈的呼唤，他大声回应："妈妈，我们还没玩完呢，再玩一会吧！""不行！"妈妈的火气"噌"一下就冒上来，"怎么成天就知道玩，都玩这么久了，还不满意，赶紧给我回家！"说着上去就拽起儿子的胳膊，要把他塞上车。看到妈妈严厉的眼神，阳阳并没有说什么，乖乖跟着回了家。只是回到家里以后，手也不洗，书包一扔，径直走向了卧室，妈妈叫他吃饭他也不理。妈妈这才意识到儿子生气了。

当孩子用语言上的反抗得不到父母的回应的时候，他们就会用沉默的方式来反抗，用这种方式来达到吸引父母的注意，最终达到自己的目的。

案例中的阳阳就是这样。他想要妈妈让他多和小朋友玩一会儿，可是妈妈非要让他回家，在小朋友面前大声嚷嚷，动用武力，让他没有面子，这恰恰触及了他内心的逆反情绪。妈妈让他进屋洗手他不听，喊他吃饭他也不应。因为妈妈做的事情让他感受到了痛苦，本能地排斥这个让他产生痛感的人。所有的不满他都没有直接说出来，他不懂如何去表达自己的情绪，但他可以保持沉默。

有的时候，孩子不想执行家长的命令的时候，就会采用这样的方式来进行反抗，这也是孩子自我意识的表现。随着孩子年龄的增长，他们自我意识会越来越强，他们会有自己的主意，当面对父母的唠叨或者是不愿意执行的命令的时候，他们就会装作听不见，也不会做出回应，既不反抗也不执行。这经常会让父母不知所以，有的家长可能会因此发火，责骂孩子，但是责骂过后，孩子仍然默不作声，根本起不到任何作用。

当孩子用沉默来反抗的时候，家长应该反思一下，孩子出现沉默的原因是什么。不要再责骂孩子，而是要心平气和地和孩子说话，对孩子有足够的耐心，给予孩子足够的尊重，营造一个平等的家庭氛围。以此让孩子敞开心扉，让孩子愿意说出自己的想法，勇敢地说出自己的不同意见。

第四节　孩子常见情绪的根源与疏导方式

孩子发脾气时，家长通常都会告诉孩子"忍住"，可拒绝情绪并不能解决问题。所以，我们在解决情绪问题之前一定要先接受情绪，这样才能寻找引导情绪的方式，做情绪的主人。

对孩子来说，他们出现的情绪问题无非源于以下四个方面：

一是孩子在幼儿园被其他同学欺负，或者欺负了其他同学。

二是老师给家长打电话"告状"，说孩子在学习方面的问题。

三是成绩不理想，让孩子觉得自己笨，因自卑产生情绪问题。

四是想要的东西家长没办法满足，从而引发情绪问题。

这四个问题是孩子最常见的四种情绪根源，而追根究底，这些问题之所以会给孩子造成困扰，是因为他们会担心家长发脾气。

此时，如果家长没有爆发情绪，而是采用积极的方式帮助孩子引导情绪、处理问题，那么孩子就会感觉家长是理解自己的，是尊重自己的，这样孩子才有可能敞开心扉与家长沟通；如果家长一听孩子出现问题就暴跳如雷，那孩子就会因为害怕而抵触与家长沟通，继而造成一系列的性格问题。

所以，孩子在遇到上述问题时，家长朋友们一定要体谅孩子的感受，要站在孩子的角度去思考问题，这样他们才会觉得爸爸妈妈是爱自己的。

情绪健康是儿童心理健康的重要课题，而孩子在 3 ～ 6 岁时的常见情绪问题主要有三种类型：发脾气、焦虑和恐惧。

首先，我们来看发脾气方面的情绪问题。发脾气是 3 ～ 4 岁儿童最主要的情绪，因为当孩子的愿望未能获得满足时，性格急躁的孩子就会出现大发脾气、撒泼打滚的情况，而性格内向的孩子则会用默默哭泣来抒发情绪。如果孩子在 4 岁后仍然不能很好地控制自己的脾气，那家长就要反思孩子脾气大的原因，是不是家长本人的性格不良，或对孩子的教育不当。

其次，我们来看焦虑方面的情绪问题。焦虑是 6 岁左右的大孩子普遍存在的情绪，但这种情绪也会出现在 3 岁儿童身上。因为学龄前期的儿童情绪尚未成熟稳定，所以很容易产生情绪问题。在这一阶段，孩子产生焦虑的原因主要有三种。

第一种：分离型焦虑。刚入幼儿园或刚入小学的孩子，会因为与家人分离而产生极度的不适应，这类焦虑就被称作分离型焦虑。

第二种：境遇型焦虑。由于一些客观原因，儿童会受到严重的精神刺激，比如亲人去世、父母离异等，这些原因会直接导致儿童的焦虑。

第三种：素质型焦虑。这种焦虑产生的原因很多，比如：父母总是溺爱孩子，导致孩子在新环境下不能适应集体生活；家庭气氛不和谐，父母经常在孩子面前打架争吵，导致孩子长期生活在不安定环境下，从而引发焦虑情绪；父母对孩子的期望值过高，让孩子因为达不到父母要求而出现焦虑反应；家长在生活中就是个很容易焦虑的人，其一言一行对孩子产生的影响。

最后，我们来看恐惧方面的情绪问题。 与成人不同的是，孩子即便遇到一些危险程度不高的情景或问题时，也有可能产生浓烈的恐惧情绪。究其原因，主要有以下三个方面：

一是曾经受过较大的惊吓。比如被关进过小黑屋，所以会对"黑暗环境"产生恐惧；再比如被小动物咬伤过，所以看到动物就会浑身发抖，流汗不止。

二是因家长教育方式不当，导致孩子依赖性太强，当遇到陌生的人或环境时，就会产生一种恐惧心理。

三是曾经的痛苦被泛化。比如孩子曾经被红色皮球砸到过脸，于是对所有红色物体如苹果等，都会产生恐惧。也就是所谓的"一朝被蛇咬，十年怕井绳"。

在了解孩子的情绪类型后，我们再看一下解决方法。

家长可以采用"先忽视，再说服"的方法。比如孩子哭闹着要一个玩具，我们可以先任由他哭闹一番，等孩子平静下来后，再耐心说服引导他。多次引导后，孩子在这方面的情绪现象就会消失。

当孩子出现焦虑情绪时，家长要注意在生活中给孩子创造一个有安全感的环境，并培养孩子善于克服困难的品质，鼓励孩子多与其他同龄伙伴交往，这样才能帮助孩子健康成长。

当孩子出现恐惧情绪时，家长要为孩子做出良好的榜样。比如在看见老鼠或虫子时，家长不要怪声尖叫，不然这种情绪会传染给孩子，让孩子很容易在紧张时大呼小叫。

家长要尽可能地给孩子提供一个平和的生活环境，不要让孩子过早接触鬼故事，也不要拿一些恐怖的东西吓唬孩子，并以此作为威胁孩子的手段。

除此之外，家长还要进行专门的游戏活动，帮助孩子训练胆量以及对环境的适应能力。比如家长可以让孩子尝试自己去厕所、在晚上关灯睡觉等。

第五节　这么做，就能让孩子成为情绪的主人

在了解情商与情绪之后，我们一起来看看孩子关于情绪的自我调节策略。

通常情况下，孩子的自我调节策略会分为以下 6 类：替代活动、自我安慰、被动应付、发泄、问题解决和认知重建。

替代活动：指的是把注意力从引发消极情绪的情境中转移开，并积极主动地投入到其他活动之中，比如跟小朋友玩游戏不开心了，就跑去玩另一个游戏。

自我安慰：指的是行为和语言上的、以自我为导向的安慰，比如来回摇晃、咬东西、抱玩偶等方式。

被动应付：试图离开或回避引发消极情绪的情境，或是对问题和挫折不做任何反应。

发泄：包括大哭、向亲近的人倾诉，或者用咬伤自己或者打自己等具有破坏性和伤害性的行为来宣泄消极情绪。

问题解决：采取一切可能的适应性行为和手段来消除挫折来源、摆脱所面临的困境。

认知重建：对消极情境中的各个过程进行重新思考或者重新解释。

无论是哪个年龄段的孩子，替代活动都是他最主要的情绪调节策略；而问题解决、认知重建策略的运用会随着年龄增长而增多；发泄策略则随年龄增长有减少的趋势。

当孩子处于不同的负面情绪当中，家长采取相应合理的情绪调节策略，可以很有效地帮助孩子从负面情绪中走出来。比如：愤怒的时候可以采用发泄、转换注意力和认知重建的方式，让孩子通过恰当的方式，通过哭、运动、重新解释和认识这件事来缓解愤怒的情绪；悲伤的时候可以采用沉思、认知重建或转换注意力的方式，通过听歌、看动画片等方式静静地消化悲伤的情绪，转移注意力；恐惧的时候可以采用沉思、转移注意力的方式，不建议采用向别人倾诉的策略，因为这样可能会引起较大的情绪变化。

下面，给大家介绍一些提升孩子情绪控制能力的方法。

一、认识情绪

能不能分辨情绪，是孩子处理自己和他人情绪的基础。从很小的时候起，孩子就需要了解自己不同的情绪并加以区分，特别是消极情绪，清晰感知自己的体验，并学会表述自己的情绪。

一些基本的情绪，如喜、怒、悲等很早就能表现出来，而有些复杂的情绪，比如嫉妒、羡慕等，则要等到以后有大量经验才能表现出来。

在这里，介绍一种情绪卡片的方法来帮助孩子识别情绪。这个游戏孩子 1 岁时就可以玩了。

家长先在每张卡片上画出一种情绪，比如高兴、伤心、恐惧、厌恶、生气这 5 种最基本的情绪，然后，家长说出某一种情绪名称，比如"伤心"，让孩子找到对应的卡片。

对于 2 岁以上的孩子，我们可以换个玩法。

比如家长抽出一张卡片，按卡片上面的情绪表演出来，让孩子猜猜是什么情绪，或者反过来，让孩子抽取卡片并且演示。

这个游戏可以让孩子认识情绪，能准确地为自己的情绪命名，也可以让孩子学会观察和理解他人的情绪。

二、听故事，猜情绪

这个方法仍然属于识别情绪，只是这个游戏我们把情绪放到具体的场景里来让孩子识别。该游戏在孩子 2～3 岁时就可以进行了。

家长准备一些绘本，让孩子看图片一起来识别情绪。

比如，图中的小青蛙是什么表情？为什么会出现这样的表情？小男孩是什么样的表情？他为什么会出现这样的表情？

等孩子到了 4 岁左右，慢慢让孩子认识到自己产生情绪的原因，帮助他们学习聆听，更多地使用语言来表达情绪，并学会自己去解决问题。

这时候，可以让孩子看一些情节稍微复杂一些的故事。比如白雪公主的故事，分析每一个人物在不同的情境下都是什么样的情绪，他们为什么会有这样的情绪；如果你碰到了类似的问题，要怎样才能更好地解决问题。

三、情绪日记

用表情卡记录和表达情绪是一个非常有意义的小游戏。这个游戏适用于幼儿园的小朋友。

可以把第一个游戏里讲到的情绪卡，比如高兴、害怕、厌恶、生气、难过等挂在墙上。和孩子做个小约定，把自己的心情记录在这些情绪卡上。

这样，孩子可以学会表达自己的情绪，父母又可以及时了解孩子的情绪变化，帮助孩子调整情绪。这些情绪记录还可以帮助我们做总结，每隔一段时间，我们可以看看孩子最近的情绪变化情况，从而及时做出调整。

四、角色扮演游戏

从孩子5岁开始，就可以带他玩那些涉及情绪的角色扮演游戏了。

通过让孩子体验在同一场景里不同角色可能出现的冲突和情绪，帮助孩子从单一角度识别自我情绪的能力，向从多个角度识别不同情绪能力的转变。

可以找一部孩子喜欢的动画片，让他选择里面的一个角色，家长规定一个情景，让孩子演绎。

比如，如果孩子喜欢《小猪佩奇》，可以设置一个看牙医的场景。首先，让孩子扮演佩奇这个角色。孩子会学习动画里佩奇的样子，很自信地看牙医。之后再让他换另外一个身份——乔治。在动画片里，乔治刚开始是害怕牙医的，但后来变得很勇敢。

总之，角色扮演游戏会让孩子知道，不同的人对同一件事情会有不同的情绪和态度。而对于他自己来说，同一件事也可以选择不同的对待方式。

第六节　让孩子"输得起"，挫折教育很重要

家长都希望孩子一帆风顺，然而孩子在成长过程肯定会遇到各种各样的困难，及早对孩子进行挫折教育，让孩子学会面对困难，建立自信和乐观的品质，并学会自我激励，对他们一生的发展都会大有裨益。

一提到挫折教育，不少家长都会觉得挫折教育就是让孩子多吃苦。怎么吃苦呢？无非就是去体验农村生活，去寄宿学校锻炼，去参加"忆苦思甜"活动等。还有一些家长觉得，所谓的挫折教育就是要跟孩子对着干，要使用诸如批评、体罚甚至是不给饭吃等负面激励手段来让孩子服软等。

但其实，家长的这种想法是挫折教育的最大误区，这种误区也会剥夺孩子正确成长的机会。

在对孩子进行挫折教育的时候，家长朋友们一定要知道什么才是真正的挫折教育：

挫折教育≠人为制造困难和障碍。打击孩子、人为给孩子增加困难和障碍或者逆着孩子的意愿做事、不夸奖孩子等，不是挫

折教育。

挫折是一种负性的情绪体验，在人们无法达到预期目标的时候发生。通俗地说，就是我们前进中遇到的失败和不顺利而引起的感觉。挫折对于孩子来说未必是件坏事，关键在于他对待挫折的态度。因此，挫折教育并不是人为增加挫折的分量，而是教会孩子积极地面对挫折、化解挫折。

挫折教育≠放任不管。挫折教育绝不是父母不给孩子提供任何帮助，让孩子自己去经历和挣扎。这是因为不同的人，面对挫折的方式也不一样。有的孩子会采取积极的方式，比如继续坚持或寻找其他策略。有的孩子会采取消极的方式，比如攻击或退缩。面对这些攻击或退缩的孩子，更需要给他们支持和指导。

实施挫折教育最重要的一点也许是让孩子明白：无论遇到什么，父母都在自己身边！父母对他们的支持、对他们战胜困难至关重要。

那么，应该怎样对孩子进行挫折教育呢？

1.在游戏中进行

挫折教育不是单纯的说教，在潜移默化中引导最好。形式和方法其实有很多，也很简单实用。

比如爸爸妈妈可以和孩子玩些棋类游戏，像是飞行棋、动物棋、跳棋等。这些棋类游戏有一定的规则，能培养孩子们集中注意力的能力和规则意识，而且这些游戏对抗性强，肯定有输赢。为什么要进行有输赢的游戏呢？这涉及我们说的第二个方法，让孩子输得起。

2.让孩子输得起

在游戏里，父母不用总是让着孩子，让孩子赢。俗话说："人生不如意事常有八九。"失败是成功之母，如果父母只强调"赢"，却回避"输"，才是孩子最大的损失，聪明的父母更应该注重教孩子如何面对"输"。

输得起比赢更加重要，成长比成功更珍贵，聪明的父母更应该懂得教会孩子如何去"输"。应该帮助他分析失败原因，认识到自己的不足，这样才能让孩子有新收获。

3.引导孩子用积极的策略解决问题

挫折教育最根本的目标是培养孩子积极的心态。真正的挫折教育，是引导孩子用积极的策略解决问题。不管遭遇什么，如果父母能引导孩子看到这个事件背后积极的意义，再想办法去解决，那么，孩子在这样的引导下成长起来，自然会成长为一个勇于面对一切困难的坚强斗士。

第十三章 社交技能
——把握孩子社交能力培养的黄金期

第一节 大脑与社交能力

社交能力，即人际交往能力，指的是能够察觉他人情绪意向，理解他人并善于与他人沟通，且在这一过程中很好地控制自我情绪、行为的能力，可概括为共情力、语言能力、自控力、情绪调节能力等。

社交能力的强弱可以看作是情商高低的一种体现，高情商的人往往会在人际交往方面游刃有余，发展出强大的人脉关系网。从上一章节的内容我们可知，情商的形成与后天的培养息息相关，在大脑结构上与情绪脑或者说主要负责人的情绪、艺术创作的右脑密切相关，因此，与社交能力密切相关的脑部位也在这一范围内。

现代脑成像技术的高速发展，使得各种衡量指标可具体化，这同样体现在社交能力和脑结构的关系上。

美国东北大学的心理学家丽莎贝瑞特曾做过一项有关大脑和社交能力的研究，她和其他研究人员聚集了很多19～83岁的参

与者，让他们填写调查问卷，同时为他们进行磁共振成像扫描，最终的结果显示，杏仁核的大小与他们社交生活的丰富程度呈正比。关于调查结果，贝瑞特教授说其与社会脑理论相符，一个人大脑中的杏仁核越大，他的朋友圈和同事圈就越大越复杂，人类杏核仁的进化正是为了应对越来越庞大复杂的社交世界。

牛津大学的罗宾·顿巴教授与其研究小组在研究灵长类动物大脑时也有相关的重要发现——灵长类动物社会群体的大小与其大脑新皮层和其他区域面积的比例大小有显著正相关关系。他们的研究对象主要为人类的近亲如南美洲绢毛猴、恒河猴等猴类，而对于人类，顿巴教授指出，脑前部的额叶皮层有着丰富的神经，负责各种高级思维活动，一个生活在庞大社群中的人，其大脑往往具有一个较大的前额叶皮质。

除了上述研究外，伦敦大学的科学家瑞斯教授对网上社交与大脑的关系进行了相关研究。研究小组对125名20岁左右的社交网站用户的大脑进行了扫描，然后将扫描结果与这些用户在真实世界和网络世界里的朋友数量进行对照，发现网上社交与人脑中负责解读他人情感的颞上沟、负责面孔识别及评估语言意义的颞中回以及与记忆相关的内嗅皮质三个部位关系密切，朋友越多的人部分脑区越大，灰质（大脑中神经元集中的地方）密度越大。

不过，瑞斯教授也指出，这项研究并不能确定网络朋友多与大脑相关部位发达的因果关系，只是表明了两者具有相关性。此后不久，牛津大学等机构的一些研究人员在瑞斯教授研究的基础上进一步做了调查，证明了两者的因果关系。

研究人员选择了人类的近亲猴子来进行实验。他们先对20只猴子进行了磁共振扫描，然后将这些猴子置于大小不同的社交圈中。一段时间后，研究人员再次对猴子们的大脑进行了扫描，发现在大型社交圈中的猴子，大脑中相关区域（包括颞上沟）的灰质明显增多。

上面所提及的脑区尤其是颞上沟脑区与个体对社会的认知能力有关，若一个人该脑区先天发育异常，就很可能会出现自闭等社交障碍，而若一个人具有相较于普通人更大的前额叶皮层和杏仁核，就很可能具备较强的社交能力。

当然，究竟是大脑先天发育决定了社交能力，还是后天的社交对大脑起到了重塑的作用？两者之间的对应关系还有待于进一步研究，但我们可以确定的是，社交活动的确能够影响某些脑区的发展。换言之，如果我们能够扩大自己的社交圈，增多社会活动，就有可能极大地提高自己的社交能力。自闭症患者若是一味地封闭自己，则永远也不可能走出来；相反，若是能够渐渐和外界接触，即使是先天的障碍也有可能得到改善。

上述研究结果也给我们在教育孩子和开发大脑上予以启示，积极地让孩子参与社交活动，多与他人交往，就有可能使其某些相关脑区变得强大，同时提高其交际能力。

第二节 培养社交能力，就是在为孩子的未来铺路

随着孩子进入幼儿园，开始学着跟其他同龄的小朋友相处，小朋友们之间会不由自主地出现喜欢跟谁玩、不喜欢跟谁玩的现象。

孩子在和其他小朋友相处的过程中，难免会有小摩擦、小争执，有时候还会因为一些事情闹矛盾。不过这些都无伤大雅，家长朋友们不必过于担心。

但是，家长也要留心观察一下，孩子是否拥有和自己玩得来的小伙伴。

在幼儿园中，有这么一种类型的孩子，他们在小朋友们当中不太受欢迎，很多小朋友都不喜欢和他们玩。他们想要加入其他孩子们的游戏队伍中时，也往往会被拒绝。

这类经常被拒绝的孩子，在成长过程中，特别容易出现适应性问题。老师和同学都认为他们不为别人着想、不服从、总是制造麻烦。当周围的很多同伴都对这类孩子表现出消极情感时，学校和课堂在他们眼里就失去了原有的光环。因此，他们就可能用逃学或退学等方式，作为逃避学校和同伴的手段，自然也难以取得优异的学业成绩。

还有一种类型的孩子，他们在小朋友当中仿佛"透明人"一般，很少有小朋友会提到他们，被人提到喜欢或者不喜欢的次数都非常少，同伴对他们似乎是直接忽略掉的。这些孩子的性格往往比较内向，平时也不太爱说话，不太善于跟别人交流，所以，他们的同伴交往关系会受到他们"被动"的交友方式的拖累。值得一提的是，这类被忽视型的孩子，有一部分可能是咱们传统意义上认为的乖孩子、好学生，他们学习很努力，成绩也不错，但却因为不太善于跟人交流而朋友不多。

心理学研究发现，相比起同伴关系不好的孩子，那些同伴关系好的孩子，一般来说成绩更好，情绪更稳定，社交能力也更好。而那些同伴关系不好的孩子会有更差的学业成绩，他们会体验到更多的孤独感，会有更多的攻击行为和违纪行为，甚至会结交一些行为越轨的同伴。

心理学家们认为，孩子在童年时代有"两个世界"，一个是孩子和成人的世界，另一个是孩子和同伴的世界。

由于同伴是一个跟孩子年龄、经历、社会地位都很相似的群体，所以孩子和同伴之间的关系会对孩子的发展起到很重要的作用，这是父母所无法代替的一种关系。所以，一定要足够重视对孩子同伴交往能力的培养。

不过，在不同的年龄阶段，孩子之间的交往模式往往也是不同的。那么，各个年龄段的孩子在交往模式的发展上有着怎样的规律呢？研究发现，3～6岁的孩子在社交方面有其发展特点。也就是说，家长在孩子的不同年龄段需要扮演不同的引导角色。

孩子3～4岁时：

想要加入小伙伴的游戏，或想使用小伙伴的物品时，能在家长的引导下，友好地向对方提出请求；在出现争抢、霸占玩具时，家长要引导他们改正行为并向对方道歉；与小伙伴发生冲突时，要能听从他人的调解。

孩子 4 ~ 5 岁时：

可以独立介绍自己，大方地与他人交换玩具，能随时加入小伙伴的游戏中；懂得分享，懂得感恩；与他人发生冲突时，能选择和平的方式解决问题。

孩子 5 ~ 6 岁时：

能吸引小伙伴主动邀请自己一起做游戏，能吸引他人将玩具主动分享给自己；懂得分工与合作的重要性，懂得团结与克服困难；很少与小伙伴发生冲突，能调解他人的冲突；能理解别人的想法会与自己不同，能倾听、理解和接受别人的意见；不作出霸凌行为，也不允许别人霸凌自己。

良好的人际交往能力不但是孩子健康成长的前提，也能体现出孩子的智力与情商发展水平。可以说，人际交往能力是孩子步入社会后最重要的品质之一。

3 ~ 6 岁儿童是个体社会化发展的重要时期，这一时期也是孩子发展社交能力的黄金时期。所以，家长朋友们应该将主动权交到孩子手中，鼓励孩子独立解决一些问题，大方地与人沟通，这才是父母能给孩子最好的礼物。

第三节 儿童社交发展的四个方面

现实生活中,我们常常会遇到一些孩子不想上幼儿园的现象。面对这种现象,大部分家长都会认为是孩子性格内向,不爱参加集体活动的原因。可事实上,让孩子产生抵触心理的并不是幼儿园,而是家长没有教给孩子正确的社交方式。

那么,什么样的社交方式才真正适合孩子呢?在回答这个问题之前,我们要先了解一下孩子社交能力发育的四个阶段。

第一阶段:独自玩耍阶段(1岁前)

独自玩耍阶段的孩子,其特点是喜欢自娱自乐,喜欢长时间盯着某一个东西。这一阶段的孩子,即便是玩自己的手指也可以很快乐。其实,这不是孩子独立自主的表现,1岁前的孩子之所以出现这种行为,是因为他们在不断地进行自我确认——"这是我的手指""这是我的玩具""这是我的爸爸妈妈"。所以,1岁前的孩子是不喜欢其他宝宝的,他们眼中只有"我的东西"。他们喜欢自己玩,喜欢跟自己的爸爸妈妈玩,这是他们接受世界的信号。

在这一阶段,给家长朋友们的建议只有四个字,那就是"顺其自然"。因为1岁前的孩子对社交是没什么需求的,家长们不要给孩子们强加太多的社交压力,逼着他们"锻炼自己",去跟其他宝宝一起玩耍。有时候,家长的这种行为反而会起到反作用，会摧毁宝宝刚建立起来的安全感。

第二阶段：平行玩耍阶段（1~2岁）

这一阶段孩子的特点是他们开始觉察并接受其他孩子，在陌生人中间，他们也会刻意选择年龄接近的待在一起。虽然他们不会有什么交流和互动，但他们能意识到身边有同伴存在，也会倾听与观察小伙伴的举动。

在这一阶段，给家长朋友们的建议是多创造孩子与同龄人接触的机会。因为平行玩耍阶段是孩子早期社交力的萌芽期，所以家长可以给孩子找个"发小"，让孩子学会与小伙伴玩耍，学会与小伙伴约好玩耍的时间、地点等。家长还要学会正确处理孩子之间的纷争，因为这一阶段的孩子仍然处于"以自我为中心"的阶段，所以经常会出现因为玩具和零食动手的事情。当遇到这种事情时，家长要注意及时引导孩子的行为，让孩子尽快学会"分享""等待"等行为。

第三阶段：联合玩耍阶段（2~3岁）

这一阶段孩子的特点是会互相模仿。比如大家一起玩积木，当一个孩子摆出房子后，其他孩子就会纷纷效仿，跟着一起摆出积木房子。再比如一个孩子玩跳绳，其他孩子也会跟着对跳绳产生兴趣。不过，他们这一阶段主要还是自己玩自己的，缺少一个共同的目标。

在这一阶段，家长朋友们应该鼓励孩子拓展社交圈，这样才能让孩子自行解决社交时遇到的冲突。在鼓励孩子拓展社交圈时，家长要注意在保证安全的前提下，少干预孩子与伙伴的交往，也不要干涉孩子的游戏内容。在孩子们发生矛盾时，家长不要直接说谁对谁错，要在一边静静观察孩子是如何解决纷争的。必须家长出面才能解决纷争时，家长要先听听孩子的想法，不要带着个人情绪去处理孩子间的问题。

第四阶段：合作玩耍阶段（4～6岁）

这一阶段孩子的特点是出现了明显的社交需求，他们身边出现了好朋友，而且社交行为也更加独立了。他们开始有"合作""团队"等概念，会为了完成一个共同的目标而玩耍。

在这一阶段，家长朋友们可以尝试培养孩子的沟通能力和倾听习惯，让孩子有固定玩伴，并学会在团体中协调矛盾。

为了更好地培养孩子主动沟通和耐心聆听的习惯，家长朋友们可以尝试让孩子在家庭中进行锻炼，比如让孩子在成人的分工下完成一件事，再比如让家庭成员在孩子的分工下共同完成一件事，这样能有效锻炼孩子的合作能力与领导能力，培养孩子的表达能力。家长朋友们还可以让孩子在与朋友交往的过程中锻炼自己，鼓励孩子创建小伙伴们能一起玩的活动。

总之，4岁前的孩子如果不喜欢集体活动和社交活动，家长也不用太强制性地要求孩子去做，也许他们只是想在一旁观察，然后再加入自己感兴趣的部分。

了解孩子的社交发展阶段是家长更好培养孩子的方式，所以，我们一定要做到尊重孩子，把握各个阶段孩子的发展特点并适时引导，这样才能更好地陪伴孩子成长。

第四节　从小培养孩子的亲社会行为很重要

"亲社会行为",这个词最早于 1972 年由美国社会心理学家艾森伯格提出。在艾森伯格看来,"亲社会行为"又可以称作"利社会行为",其意是这种行为虽然不会给行为者本身来带什么明显好处,但却符合社会希望,并能给社会带来利益。

培养孩子的"亲社会行为",就是帮助孩子在人际交往时顺利维持人与人之间的良好关系。这种良好关系能让孩子更受欢迎,也能为孩子赢得更多机会。

具体来说,培养孩子的"亲社会行为"可以从以下四个方面进行。

行为一:帮助。帮助是孩子"亲社会行为"的重要表现之一,具体解释就是要让孩子在别人需要帮助时,可以在自己能力范围内助对方一臂之力。比如在其他小朋友忘记带橡皮、抹布时,孩子可以将自己的橡皮、抹布分一半给别人;再比如在其他小朋友哭泣时,孩子可以主动去关心别人。

行为二:合作。我们的社会是群居社会,没人能独自生活在这个社会上。所以,家长一定要培养孩子的合作意识,这样才能让孩子在学校、在社会立足。

行为三:分享。作为一种美德,分享一直是社会提倡的重点之一。教会孩子将自己拥有的东西分出一部分来与他人共享,能有效促进孩子的人际交流，也能有效培养孩子的交际能力。

行为四：安慰。 当别的小朋友心情不好或遇到困难时，孩子要能做出"安慰"行为。这种行为主要是"同理心"的培养，而同理心的培养也是"亲社会行为"的基础。

为什么我们一定要培养孩子的"亲社会行为"呢？因为这种行为是被社会接受和认可的，而每个孩子都会不可避免地走向社会。所以，我们要想让孩子在社会上立足，就必须培养孩子的"亲社会行为"。

"亲社会行为"能帮助孩子建立更好的人际关系，就像英国著名诗人约翰·邓恩那句著名的诗句一样："没有人是一座孤岛。"从行为主义的角度看，"亲社会行为"也能帮助孩子规避社会的恶意，获得社会的奖励。

此外，"亲社会行为"还有利于提高孩子的幸福感。当孩子因"亲社会行为"受到正面评价时，内心的喜悦会促使他们往更好的方向发展。因为积极正面的评价是社会对孩子行为的肯定，这种正能量的鼓励，会提升孩子内心的幸福感。

那么，家长要如何培养孩子的"亲社会行为"呢？

首先，家长要发挥榜样的作用。 孩子6岁前的行为主要来源于模仿，而家长又是孩子身边最亲近的，也最受孩子信任和喜爱的角色，所以，孩子会刻意模仿父母的言行。日常生活中，家长要做到"以身作则"，这样才能让孩子体会到"亲社会行为"的好处。经过多次观察、模仿后，孩子就会潜移默化地养成这样的行为模式。

除此之外，孩子也会模仿自己喜爱的卡通角色或影视人物，

所以家长要注意选择正面影视卡通片让孩子观看，让孩子从小远离不良影视剧。心理学家冠茨曾做过一项研究发现：那些观看过助人为乐视频的儿童，都会在游戏中表现出助人的意愿和行为，这就是榜样的作用。

其次，家长要培养孩子的共情能力。 共情能力又被称作移情能力，这是一种能站在他人角度想问题的能力。人本主义之父罗杰斯是这样解释共情能力的：所谓共情，就是要站在别人的角度理解问题，它意味着我们要进入对方的私人认知世界，且完全在这里扎根。

这是"亲社会行为"的重要基础，因为孩子只有充分理解他人的感受，理解别人的想法，才能与别人顺利交流。可以说，共情能力就是孩子与他人建立社交关系的基础，所以，让孩子学会感同身受真的很重要。

再次，家长要懂得及时表扬与奖励。 孩子是最适用激励法则的，所以，家长一定要使用表扬和奖励的方法，来强化孩子的"亲社会行为"。曾有一项关于孩子在什么情况下更愿意分享的研究，实验分三种情况：第一，告诉孩子分享的目的是助人为乐；第二，通过表扬和奖励来强化孩子的行为；第三，什么都不说明。研究结果显示，前两组尤其是第二组都强化了孩子的分享行为，但第三组的孩子不愿做出分享行为。这就证明了对孩子进行表扬与奖励，能够强化孩子的"亲社会行为"。

最后，家长要鼓励孩子与人交往。 在孩子与其他小伙伴交往时，家长要及时告知孩子对方的优点，要引导孩子发现其他人身上的特别之处与宝贵之处，这样才能养成孩子的"亲社会行为"。

家长不要用"占用孩子学习时间"等理由来限制孩子与人交往的活动，因为孩子的交往能力是将来帮助他立足社会的重要能力，家长不能剥夺这种对孩子身心健康发展有利的行为。

第五节　自卑、胆怯，孩子为什么会拒绝社交

有的孩子会出现敏感和自卑现象，可妈妈们没能及时捕捉到孩子的脆弱，不但不能帮助孩子建立自信，反而让孩子更自卑。所以，在孩子出现"内向""羞涩"等表象时，家长一定要分析原因，看是否是由于自卑心理引发的内向。在肯定孩子确实存在自卑问题时，家长们则要分析孩子自卑的原因，继而对症下药。

那么，引发孩子自卑的原因都有哪些呢？

首先，孩子自卑可能是受家庭环境的影响。 家庭成员的过度保护、严厉教育等都会引发孩子的自卑心理。因为孩子的心理是十分脆弱的，当他们遇到挫折时，除了哭泣外基本毫无招架之力。所以，孩子会使用逃避的方法来"保护尊严"。这时，家长的过度保护会让孩子不断隐藏自己，继而深化自卑心理，家长的严厉教育则会让孩子更加怯懦，以至于孩子长大后也不敢独自面对生活中的困难。所以，家长在教育孩子时一定要注意顺势养育，不要对孩子放任不管，也不要过多干涉孩子。

其次，引发孩子自卑的原因可能是同龄人的嘲笑。 自卑的

孩子通常比较内向，而内向的孩子通常比较温柔敏感。可孩子的感情世界原本就是脆弱的，也许外向型孩子的一句"快人快语""无心之失"，就会给另一个敏感的孩子埋下自卑的种子。

如果孩子因为受到了其他小伙伴的嘲笑而自卑，家长不要直接"找上门"或逼着对方"道歉"，否则反而会让孩子更不容易被其他同龄人接纳。解决孩子被嘲笑的最好的方法，就是帮助孩子解决受嘲笑的"点"。比如孩子是因为身材较胖而受到嘲笑，如果不能改变心态，那最好的方式就是帮助孩子改变体型，当孩子瘦下来后，自卑的问题自然也就不存在了。

再次，引发孩子自卑的原因可能是性格问题。比如胆小和孤僻。在讨论胆小的问题前，我们先看这样一个小故事。

居里夫人有两个女儿，她们聪明可爱，但性格却有些胆小怯懦。当时，很多人都说女孩子胆小些没什么，长大就好了，可居里夫人却不这么想。在她看来，女孩子要想成就事业，第一要素就是必须胆子大，这样才能支撑智慧和勇气。为了锻炼孩子的性格，居里夫人很早就对女儿们提出了"四个不准怕"要求：不准怕黑夜，不准怕坏人、不准怕雷电、不准怕疾病。

很多人觉得居里夫人太过苛刻，但事实上，两个女儿却一天比一天勇敢起来。原本，两个孩子都因为性格原因有些自卑，但胆子大起来后，两个孩子也自信了很多。后来，居里夫人的大女儿绮瑞在科学领域颇有建树，还获得了诺贝尔奖；小女儿艾芙则在音乐方面取得了优异成绩，还完成了著作《居里夫人传》。

就像居里夫人一样，家长在解决孩子胆小的问题上，也可以对孩子提出一些要求，比如"不要怕下雨""不要怕一个人看家""不要怕打雷"等。对于怕黑的孩子，家长可以在夜幕降临时，带着孩子去郊外观察星空，然后给孩子讲天文知识；对于怕闪电的孩子，家长可以拉开窗帘，带着孩子一起画一张黑白抽象画，顺便给孩子讲讲毕加索、达·芬奇和拉斐尔。

而关于孤僻的问题，家长要找到孩子孤僻的原因。曾经有家长反映，自家孩子总是孤零零一个人，倒不是因为其他小朋友孤立他——相反，有很多小朋友都想跟他一起玩，可是他总是无视别人的邀请，只是静静地坐在一旁发呆。"他之前还挺爱跟小朋友们玩的，可不知道从什么时候起，就变成这样了"，这位家长很忧郁地说道，"我真害怕他得了自闭症。"

其实，很多家长都觉得孩子孤僻就等同于自闭症，但其实，能与小朋友正常交流，且可以上幼儿园，生活、学习可以自理的孩子根本不是自闭症。有些小朋友只是喜欢安静地待着，家长可以慢慢引导他们，但一定不要给他们扣上"自闭症"的帽子。

总之，在面对孩子的心理问题时，家长一定要让自己保持平和的心态。毕竟对孩子来说，最好的成长方式就是教育与陪伴。

第六节　这样的小朋友最受欢迎

美国人际关系学大师卡耐基曾说：成功很大一部分因素要靠人际关系。可见，人际关系能力的培养是多么重要。

如今，都市化的生活以及人们相处方式的改变都让孩子缺少了与人交流合作的机会，所以，现在有些孩子存在害羞、乖张、"窝里横"等现象。

然而孩子的同伴交往能力会在进入幼儿园之后迅速地发展起来。尤其是中班的时候，他们在适应了幼儿园的生活之后，也逐渐熟悉了班里的各个小朋友，彼此间的交往变得日益频繁起来。这个时候，就是培养孩子"同伴交往能力"的关键期。不过，在4岁孩子身上，同伴交往能力存在着男女的性别差异。

男孩在交往中，往往更喜欢命令式交往，让别人服从自己的意愿，表现出更多的攻击性行为。而女孩在交往中喜欢提建议，容易和其他小朋友达成一致，更倾向维持交往，攻击性行为要少很多。

到了小学阶段，孩子接触到了更多的同学，同伴交往的行为就会变得更多。

孩子会逐渐开始拥有几个关系特别好的玩伴。他们会互相交流、彼此提供归属感、会形成自己独有的一些规范，比如怎么穿着、怎么思考、怎么行动，还逐渐会有等级的概念，会有领导和跟随者的角色。

这时候的孩子，在同伴的选择上大多以同性为主，而且会随着年龄的增长越来越明显。到四五年级的时候，甚至会出现性别对立的情况。

这就是从幼儿园到小学，孩子同伴交往的一些规律。那么，到底什么样的孩子比较容易受到同龄人的欢迎呢？

如果孩子身上具有以下几种特质，他们在同伴交往的过程中会更容易受到孩子们的欢迎。

1.合作与友善

那些更愿意跟别人合作、一起玩游戏或者学习的孩子，会更有可能被同伴喜欢，还有那些性格很好、与人为善、愿意帮助别人的小朋友，也更容易被其他小朋友喜欢。

那些爱出风头、不考虑别人感受的孩子，则往往容易被同伴拒绝，而那些具有破坏行为或者攻击行为的孩子，不论在哪个年龄段，都不会被别人喜欢。

2.善于沟通

这样的孩子在处理社交问题时，会提出更好的解决办法，会更多使用语言沟通和解释的策略，他们可以更好地处理问题、协调小朋友们之间的关系。

3.家庭和睦

父母是孩子的第一老师，孩子通过模仿学习父母的交流模式，学会人际交往的态度与行为，并内化为自己的应对模式。

如果父母对孩子采取严厉的、控制性的教养方式，则孩子往往对别人也是严厉的、充满控制欲的，因此容易被同伴拒绝。

而如果父母对孩子采取引导性的、情绪积极的教养方式，他们的孩子跟同伴相处时，也会更多使用沟通、解释等恰当的方法去解决问题，因此也更容易被同伴所喜欢。

4.自身优秀

比如，成绩好的孩子往往容易被其他小朋友所关注和喜欢；有唱歌、跳舞、弹琴等特长的孩子，也可能更容易被别的小朋友所喜欢。

总结一下上面提到的4个特质，我们可以看出，越能进行共情、理解他人，越能控制自己情绪，并积极处理与他人的相互关系，这样的孩子就越受人欢迎。而这恰好就是我们上节课讲到的关于情商的内容。

孩子的社交能力是否优秀，主要看父母如何培养。有些父母会在孩子放学后选择一家三口在小区散步，让小朋友多和同龄人及大人接触。如果孩子出现抵触心理，父母可以转移孩子的注意力，问一些让他不抵触的问题："你们班最聪明的女生叫什么名字""最帅的男孩子是谁""你看前面玩游戏的小朋友有没有你们班的"等。当孩子被问题吸引时，就会变得放松，也不会显得那么害怕了。

而且，孩子都是喜欢被表扬的。所以，家长可以在不合群的孩子偶尔表现出良好的交往行为时，做出比较夸张的表扬和鼓励，对孩子的行为予以肯定，这样才能引导孩子发现与朋友玩耍的快乐，也能让孩子体会与人交往的乐趣，帮助孩子树立自信心。

通常情况下，孩子存在着与人交往的愿望。可是，因为自身性格及一些客观原因，孩子的交往能力会出现问题。比如在争执时，孩子的自信心和快乐感会受到挫败，这时，家长就要告诉孩子一些人际交往技巧，如学会"谢谢""对不起""别在意""可以吗"等礼貌用语，教会孩子独立解决交往问题。当然，家长也要为孩子多创造交往机会，扩大孩子的交往范围，这样才能让孩子有集体活动和在公开场合说话的舞台。

下面我们就来看看究竟应该从哪些方面着手，来帮助孩子提升同伴交往能力。

第七节　怎么做，才能让孩子社交能力爆棚

在了解社交能力的重要性后，家长一定很想知道究竟要怎么做才能让孩子的社交能力爆棚。其实，我们只需要一些简单科学的小方法，就能有效培养孩子的社交能力。

1.为孩子创设氛围

在孩子刚刚进入一个新班级的时候，老师同学都是陌生的，对孩子来说，也是一个不小的考验。这时候，家长可以跟相熟的小朋友家长约好，约小朋友来家里玩，或者一起外出，孩子们就会有更多的时间在一起，也会有更多的机会去学习如何处理游戏过程中可能发生的纠纷。

等孩子年龄大一些，比如上了小学，家长可以鼓励孩子自己邀请朋友来家里玩，为他们准备好相应的食物玩具，并留给他们一定的玩耍空间。

等孩子年龄再大一些，有一定的自理能力后，鼓励孩子自己做出游计划——小到周末的公园、博物馆，大到假期的外地、外国的出游。教给孩子做出游计划的方法，放手让他自己去做，并辅助他一起实施计划。

等孩子掌握了这种"张罗"的能力，他们就能够在小朋友们当中产生一定的"威望"，就能够大大增强受欢迎的程度，更会给他们自己带来自信心和领导力。

2.让孩子拥有实力

要想在同伴中受欢迎，有实力是基础利器。

这个实力，可以是对课堂知识的熟练掌握，比如：英语口语的流利表达、数学口算题的快速准确等。也可以是一技之长，比如会唱歌、会跳舞、会乐器或者会下围棋、会打篮球等。

说到这里，有家长就会问了："我家孩子什么方面的实力也没有，可怎么办呢？"

即使是什么实力也没有，从现在开始培养，也都来得及。有一句话叫："最早的开始，就是现在。"

哪怕多带孩子出门走走，也可以增长孩子的阅历，增加孩子的见闻。

家长需要注意的一点是：一定要把"坚持"这个概念量化。

比方说，回家练习书法，那就和孩子说好，踏踏实实地写上一篇字帖，不用多，每天坚持写一篇，既不消磨孩子的兴趣，也能养成练习的好习惯。而不是天天跟孩子说，你要好好练字啊，之后就不管了。

实力来源于滴水穿石的持之以恒，也来源于家长的坚持和陪伴。

3.针对性训练

孩子的同伴交往具有很强的可塑性。

实践证明，如果一个孩子不受同伴欢迎，我们可以从他的自身着手，通过培养其良好的行为、促进认知发展、引发情感体验等一系列方法来改善他与同伴交往的水平。

在前面，我们列举了两种同伴交往关系不佳的孩子。一种是常被孩子们忽视的"被忽视型"，一种是常被孩子们拒绝的"被拒绝型"。

针对这两种孩子，给大家分享两种训练方法。

第一个是"行为训练法"，适合"被忽视型"同伴交往类型的孩子。

"被忽视型"孩子身上经常有着害羞、腼腆、被动、孤僻、胆小、逃避等表现，这类孩子很少主动参与游戏活动，也不会主动去接近同伴、主动地结交朋友，在公众场合也不敢大声说话，不敢提出自己的意见、主张，因此长期遭受同伴的冷落和忽视，甚至老师对他们也不注意。

这一类孩子被人忽视，很可能是由于他们缺乏必要的社会行为，因此，增加他们在同伴交往方法上的训练，可以提高他们的同伴交往水平。操作步骤如下：

第一步，观察学习。引导孩子仔细观察那些在游戏活动中，受欢迎的孩子所表现出的行为，如帮助、友善、同情、合作等行为。可以观察实际生活中的活动，比如在小区、公园观察别的小朋友之间的交往活动；也可以通过动画片、绘本等来观察视频或书本里面的人物活动。

第二步，引导孩子模仿。 让孩子在日常生活中去模仿他观察到的受欢迎的行为，如向别人微笑、分享玩具或食物、发起积极的身体接触、主动交谈、给同伴支持与赞扬等。

第三步，让孩子参与游戏。 跟别的孩子的家长们约好，或者跟老师协商，组织孩子们进行一个游戏活动，在游戏中给"被忽视型"孩子安排一项需要同其他孩子共同合作才能完成的任务，促使"被忽视型"孩子尽可能表现出他们曾模仿的主动跟同伴交往的行为和方法。在这个过程中，家长或老师要及时给予鼓励和指导，让"被忽视型"孩子树立自信。

第二个训练方法是"认知训练法"，适合"被拒绝型"同伴交往类型的孩子。

"被拒绝型"孩子跟"被忽视型"孩子不一样，他们并不缺乏主动跟同伴交往的行为，而是行为过度。

例如，我曾经遇到过一个典型的"被拒绝型"孩子，他认为他在班里是最厉害的，排在第一位，班里小朋友都怕他，他感到很骄傲。其实这个小朋友在同伴交往方面所建立的社会目标是错误的，他追求的是让小朋友都怕他，而不是和这些小朋友友好相处。

另一个"被拒绝型"的孩子认为，他很喜欢和小朋友一起玩，小朋友们也都很喜欢他。但事实上，大多数孩子都不太喜欢他，因为他经常捣乱、打人、骂人。可见，这个小朋友明显缺乏社会知觉能力，不能正确地感知社会情境，而且缺乏必要的交往策略。

在认知训练中，我们要帮助这一类孩子建立正确的社交目标，学习正确的交往策略，增加他们所缺乏的社会知识，并且帮助他们改正不正确的社会知觉。对这些孩子，采用认知训练法会有更好的效果。操作步骤如下：

第一步，准备。在训练之前，我们要找到孩子不受欢迎的具体原因，比如打人、捣乱，然后从绘本、动画片，或者从网上下载的图片等材料里找到相应的问题场景。比如，如果一个孩子喜欢抢玩具，而且在抢玩具的时候喜欢打人，可以准备如下图片。

第二步，讲解。结合图片、绘本、动画片等方式，讲述人际问题情境，引导孩子理解情境，弄清问题。比如，把图片给孩子看，跟他讲解，图片上的两个小朋友因为抢玩具，谁也不让谁，打起架了。

第三步，启发孩子思考解决方案。引导孩子想象，如果他是其中的一个小朋友，引导他自己提出各种解决问题的办法。帮助孩子思考和想象每一种办法的实施可能，预料每一种办法的后果，并帮助孩子做出最后决定，采用最佳方案。比如，想得到玩

具的办法可能有：打小朋友、跟小朋友协商、告诉老师、换别的玩具玩等，而每一种办法都可能有很多不同的后果和可能性。如果选择了打小朋友，可能会因为对方的力气比自己大，反而自己被打。如果选择了跟小朋友协商，可能会遭到拒绝，也可能会得到同意。如果选择协商，告诉孩子，在协商的过程中，跟小朋友说什么、怎么说，才有可能得到对方的同意等。总之，跟孩子一起讨论，让孩子清楚明确地知道，人际交往的目标应该是达到双赢，使双方都能得到自己想要的，而不是只满足自己单方面的需求。最后，帮助孩子做出决定，明确和采用在当下情境里的最佳方案。

第四步，让孩子参与游戏。跟别的孩子的家长们约好，或者跟老师商量，组织孩子们进行游戏，包括合作、冲突、帮助等各种角色游戏。让孩子在真实的人际交往情境中练习事先明确的人际交往技能，对各种人际交往情境和技能产生更感性、更具体的认识。